天意はここに実在する

～天御中主神示集Ⅳ～

天川貴之

たま出版

はじめに

宗教的精神にとって最も大切なものは、天の御心が一体とここにあるのかということであります。哲学的に、「時代精神」や、「世界精神」といわれているものの本質も、ここにあります。

この天の御心を、「預言」という形で、天啓として、御神示として預らせていただくのが、真なる「預言者」の天命であります。それ故に、「預言者」は、圧倒的なる神の光明の内流を前にして、「預言」が「預言」であることを宣べ伝えさせていただく立場と責任があるといえるのです。

それ故に、私は、宗教的な「光」の洞察と、哲学的な「大宇宙 大自然に則った真理」の洞察のもとに、はっきりと、一貫して「天意はここに実在する」と断言させていただきたいのであります。そのことは、一貫して私の宣べ伝えさせていただいている書籍を御覧になられている方々には、よく御判別いただけることと存じます。天意が過去にもあり、未来にもあり、そして、「今」現在進行形でありつづけるということが、「光ある時に光の内を歩め」という真理からも、大切なことであるのです。

既に公開されている御神示も、未だ書籍として公開されていない御神示も合わせると、膨大な質と量になります。この御神示集こそが「神」の御本体であられ、神代の「神」の御降臨であられ、「大如来」の御降臨であられます。その意味において、古来より日本においてなされていた「預言」は、既に成就しているといえるのです。

その上で大切なことは、この膨大な質と量をもつ御宝としての御神示集のもとに、「大宇宙 大自然に則った真理」を体得し、実践しつづけ、真の意味で、「自他一体」に幸福になってゆくことが出来るかということであります。どうか、その意味で、お一人でも「神」直説の「法」を実践され、心身共に幸福になって頂きたいと、心の底より願っております。

二〇〇二年六月二十八日

【目　次】

天意はここに実在する

一、一日一日に究極の価値を実現してゆけ

諸君よ、日々新たに生まれ変われ。
日々新しく誕生せよ。
一日一日を送る上でも、
一日一日に流されるように、
受け身の形で生きるのではなく、
一日一日を押し流してゆくように、
主体的な形で生きようではないか。
時間というものは、その中に価値を発見し、
価値を生み出してゆかなければ、
無価値なものとして費やされてしまうのである。

価値というものは、主体的な努力の成果であり、
主体的な努力によって生み落され、
育まれてゆくものなのである。
故に、客観的な一日というものは、
実は、すべての方にとって同じではないのである。
時間というものは、本来、価値を中心に、
考察されるべきものであり、
真に一日に足る一日もあれば、
一ヵ月に足る一日もあれば、
一年に足る一日も、百年に足る一日も、
実在しているのである。
その意味において、一日一日の時間の内に、
出来うる限りの究極の価値を実現しつつ、

生きてゆこうではないか。
一日一日の内には、
未だ無限の可能性のある価値が、
潜在されているのである。
その価値を顕現せしめて、
一日一日を、真なる黄金の日々へと、
なしつづけてゆこうではないか。
一日一日に真に勝利し、真に成功し、
真に発展してゆこうではないか。
これは、あくまでも、自分自身の心の実力、
精神の実力によって獲得してゆくものなのである。
一日において、何ら価値を、
実現することなく終わったならば、

それは、自分自身に敗北したといえるのであり、
自分自身に失敗したといえるのであり、
自分自身が衰退したといえるのである。
故に、どのようなことであっても、
与えられた環境の内において、
潜在されている価値を見い出し、
与えられた環境を充分に生かしきる、
究極の自己実現をしつづけてゆこうではないか。
真に人生を有意義ならしめ、
真に人生を黄金に輝かしめるものこそ、
価値を発見し、実現しつづけようとする、
光明信念なのである。
真なる価値を拝み出してゆきつづけてゆけば、

あらゆる面において、
すべては善くなってゆくしかないのである。

二、不動心を磨きながら天命を実現してゆけ

諸君よ、不動心を培ってゆくということは、
何にもまして大切な、
心の修行であるといえるのである。
真なる不動心というものは、
いかなる環境にあっても、
いかなる人々の内にあっても、
自らの心の奥の奥よりの志を、
見失わないということにあるのである。
そして、心の針を、常に、
志に向けておくことにあるのである。

様々な現象の流れの中において、
その流れに打ち克っていってこその真なる志であり、
真なる不動心であるといえるのである。
真なる不動心を維持しつづけてゆくためには、
常に、自己の内なる天の摂理を、
信頼してゆくということが大切である。
自己の内に内在せる理念的理想を、
信頼してゆくということが大切である。
そして、信頼を、どのようなことがあっても、
守り抜いてゆくことが大切なのである。
ともすれば、逆境の内に置かれた時に、
信頼を見失いがちになるのが人の常であるけれども、
反対に、逆境に打ち克つためにこそ、

信頼を剛くして、信頼を剛くすることによって、
天の摂理と一体となって、
自らの志を実現してゆけばよいのである。
そして、天の摂理というものは、
一つの一大生命であって、
自己の内に実在するものは、
他者の内にも実在するので、
多くの同志の心の内なる天の摂理を、
信頼してゆくということが肝心なのである。
人間関係においても、
常に、環境や人々に左右されない絆を育み、
不動心を育んでゆけば、
この無常なる現象界の波間を、

乗り越えてゆくことが出来るのである。
これは、意志の問題であり、
知識の量の問題ではないのであり、
魂の実力、心の実力、
精神の実力そのものなのである。
どのような時も、常に不動心を把持しつづけ、
無常の内に、永遠を実現し、普遍を実現し、
無常なる現象に打ち克ってゆくことこそ、
真なる理念的実存たる人間の天命であり、
天命の勝利なのである。
真なる不動心のもとに、
あらゆる面において、
すべては善くなってゆくしかないのである。

三、「光」を供給すればする程に
矛盾なき神の国が顕れてゆく

諸君よ、「新時代」は、
まさしく、「新時代」の時代精神の中核となる、
「光」から生まれてゆくものなのである。
「光」というものは、
「意志」をもっているものであり、
確実な「物理的効果」をもっているものであり、
真に精神的なるものが、
真に物理的なものへと転化してゆくものであるから、
「光」の啓示を「言霊」として降ろしてゆくだけで、

一〇〇%、「効果」をもっているものである。
テープであっても、文章であっても、
降ろされた時点で、
地上に生まれ落ちたのと同様の効果をもち、
地上に、「光」を、
増やしてゆくことになってゆくものである。
そして、地上に、インターネットであれ、
書物の形であれ、発表されれば、
それだけ地上的にも、
「光」を掲げてゆく効果を有しているものである。
故に、インターネットに掲載してゆくことは、
大いに意義のあることであり、
地上的に発表し、

普及されたことを意味するといえるのである。
一つでも多くの「光」が地上に供給されてゆけば、
それだけ「闇」が消え、
「光」の意志が実現し、
「光」の効果が実現し、
「光」の自己実現がなされてゆくことになり、
それによって、
一人一人の内なる唯一無二なる個性的実相、
個性的イデアが真に射照され、
顕現してゆくようになるのである。
「光」の「効果」の中には、
一人一人の本来の「実相」を、
射照してゆくという積極的効果があり、

それだけ、一人一人の、
神性、仏性、理性に磨きがかかり、
同時に、照らし出され、世に輝き、
地上にも、天上世界にも、
光輝くようになってゆくのである。
故に、ＪＤＲに降りた「光」は、
すべて「光」であり、
ＪＤＲの方々のみならず、
全人類の方々の魂の「光」を相呼応させ、
射照してゆく福音が、
「実在」しているといえるのである。
これは、永遠普遍の「実在」であって、
変わることはないのである。

故に、「光」の「効果」、
「光」の「法則」を信じて、
一つ一つ丁寧に、「光」を地上に顕現化させてゆく、
活動をしていただきたいと念う。
あらゆる「光」は、「光」であるが故に、
矛盾なく「統合」され、止揚され、
「光」が供給されればされる程に、
あらゆる面において、
すべては善くなってゆくしかないのである。

四、真なる世界的啓示宗教の価値を礼拝してゆけ

諸君よ、新ミレニアムの啓示宗教を考えてゆく上で、
現在進行形で天降っている天啓が、
百年後、二百年後、五百年後、千年後に、
どのように影響力を持っているかということを、
常に念頭において、一日一日を送って頂きたい。
そうでないと、現在に生かされていることの意義が、
充分に認識されないといえるのである。
現在進行形で、世界的な啓示宗教が、
創られているということの重みを、
充分に認識してこそはじめて、

善く生きることが可能となってゆくのである。
天啓の価値というものは、
かつての預言の民の、神との契約の如く、
全世界的に深い意義のあることなのである。
真なる天啓の重みというものは、
この地上において、最高の価値そのものの根源であり、
どのように政治的世界が移り変わろうとも、
どのように経済的世界が移り変わろうとも、
至上の価値であるといえるのである。
現在の日本においては、
本来、預言の民であるはずの、
日本国の国柄というものが見失われて、
真なる預言の価値というものも同時に見失われて、

一種のニヒリズム的な軽薄さが、
地上世界をおおっているといえるけれども、
これからの新時代は、
真なる理念が復興され、ルネサンスされ、
哲学、宗教、芸術が、
大いに育まれてゆく時代であるといえるのである。
こうした理念の根源に実在している光明こそが、
天啓であり、
真なる天啓なくしては、
本来、人類の歴史が成り立たないのである。
そして、全世界のユダヤ、キリスト教や、
イスラム教の影響力を考えてみても、
天啓というものは、旧い時代のものではなく、

現時代にも活き活きとした価値をもつものであり、
新時代においても、天啓なくしては、
神の実在なくしては、
あらゆる物事を語れない時代が、
到来してゆくといえるのである。
そのような世界宗教の根源ともなりうる天啓が、
現在進行形で天降っており、
「光」そのものの意志が、
「光ある時に光の内を歩め」と、
時代精神を告げ知らせていることの意義を、
よくよく看取して頂きたいのである。
天啓こそ、あらゆる価値の源であるということが、
人類の歴史の真相であり、実相であるのである。

真なる天啓の価値を礼拝してゆけば、
あらゆる面において、
すべては善くなってゆくしかないのである。

五、真理の真髄を深く悟得することによって
大調和世界を示現してゆけ

諸君よ、特定の思想を、
その表面の対立的な部分において、
理解しようとしてはならない。
また、皮相的な部分において、
特定の思想を理解しえたと思ってはならない。
真なる理解というものは、
真髄の精神を理解するということであり、
真髄の精神を真に悟得できたならば、
融通無碍なる応用が可能なのである。

特に、その思想、真理が深遠であればある程に、
真髄を悟得しつづけてゆくことを、
大切にしていただきたいのである。
真なる真理は、真髄において一つであるといっても、
表相的な部分においては、
矛盾も対立点も存在しているのである。
しかし、その認識力において、
矛盾や対立点を真に超えていった時に、
真理が真髄において一つであるといえるのである。
故に、表相的な矛盾や対立点をもとに、
批判や争いをなしてゆくことは、
基本的に大調和の精神に反するのであり、
真髄を認識する大いなる智慧にも反するのであり、

ひいては、根源的なる天の御心に、
反してゆくことになるのである。
新時代の時代精神として、
真に望まれている真理とは、
真髄において真理が一つであることを示現してゆく、
大調和の真理である。
そして、その真髄の悟得から生ずる、
縦横無尽なる応用力によって、
積極的に表相的な矛盾や対立点を、
解消してゆく真理である。
その意味において、真髄において、
究極的な形而上学的基盤を、
「絶対無」の場所として有し、

真に深い所から、「自他一体」の自覚をもち、
真なる大調和世界を、
内にも外にも実現しつづけてゆく思想こそ、
新時代の光明思想の真髄であり、
真理そのものの真髄であるといえるのである。
真なる円相の心のもとに、
真なる大和の心のもとに、
深い大調和の理念のもとに、
あらゆる思想を悟得し、応用しつづけてゆけば、
あらゆる面において、
すべては善くなってゆくしかないのである。

六、寛容さと謙虚さに裏うちされた
慈愛の大器こそが大調和世界を育んでゆく

諸君よ、真なる大器を育んでゆく上で、
最も戒めなければならないことは、
独善的になるということである。
それは、寛容さと謙虚さを、
見失ってゆくということで表われてくるのである。
そして、極端に排他的な傾向が現れてきた時に、
真なる円相の心を見失い、
数多くの本来不要なる悲劇を招いてゆくことにも、
つながってゆくことがあるといえるのである。

究極の天の御心は、円相である。
そして、大調和なのである。
そして、円相の天の御心に通じている証として、
独善的な自我の煩悩が消え、
そこに、寛容さと謙虚さという、
円相そのものの心が顕れてくるのである。
真なる寛容さと謙虚さがあれば、
他者の真なる善き所が自然に観えるようになり、
排他的な心とは対極の、讃嘆の心が顕れ、
そこに、真なる円相の心が顕れ、
どのような悲劇も超克して、
一大光明芸術が、
真に創造されてゆくといえるのである。

故に、寛容さと謙虚さを、
徹底的に磨いてゆくことによって、
大器を培ってゆくことは、
真なる大調和の世界を築いてゆく上で、
必要不可欠の精進の大道であるといえるのである。
真なる王道の光というものは、
周囲にあるすべてのものを暖かく包んでゆくような、
慈愛に満ち満ちたものなのである。
その器の大小を測る時に、どれ程の慈愛が、
徹底的に満ち満ちているかということが、
大切な基準となるのである。
その言動の一端一端に、慈愛が満ちあふれ、
慈愛故に、無限の寛容さ、

謙虚さと柔和さが顕れているということが、
真なる天の徳を引き継いでいる証であるといえるのである。
真なる慈愛に満ち満ちた円相の徳を培ってゆけば、
あらゆる面において、
すべては善くなってゆくしかないのである。

七、清浄円満なる無我の心こそが実在である

諸君よ、真に純粋であることを心がけよ。
真に清浄なる無我の心を理想とせよ。
限りなく透明に、
あらゆる物事に相対してゆけ。
限りなく清浄円満に、
あらゆる物事に相対してゆけ。
真なる天の御心の本質とは、
清らかさに実在しているといえるのである。
故に、心身共に清らかさを心がけ、
真に清らかな活動をなしつづけていないと、

天の栄光を受けつづけてゆくことは出来ないのである。
確かに、地上世界は、泥沼の如く、
数多くの自我我欲や煩悩が、
存在することが多いけれども、
それ故にこそ、
真に清らかなる無我の心が尊いのである。
故に、自我我欲の煩悩に対しては、
同じ自我我欲の煩悩をもって相対するのではなくて、
それを超越した、
清浄円満な心で相対しつづけてゆけば、
自我我欲の煩悩の炎は、
自然に消えてゆくものなのである。
何故なら、究極の天の御心は、清浄円満であり、

清浄円満さこそが、
清水の如き実在であるからである。
故に、あらゆる自我我欲の煩悩の炎に対して、
清浄円満なる光明の清水をもって、
消火していって頂きたい。
清浄円満なる光明の清水をもって、
浄化していって頂きたい。
さすれば、真に解脱した、神の国、仏の国、
理念の国が、心の内にも心の外にも、
顕現してゆくことであろう。
あらゆる自我我欲の煩悩の炎を、
天の摂理の慈雨の如く、
清浄無我なる心をもって真に鎮めてゆけば、

あらゆる私心を超越した、
無我なる大道が発見され、
無我なる大道の奥に、
真に自己実現すべきあり方が、
発見されてゆくであろう。
真なる清浄円満なる心を結集してゆけば、
あらゆる面において、
すべては善くなってゆくしかないのである。

八、天に生かされている
一大光明芸術史としての人生に自信をもて

諸君よ、自分自身の歴史に、
真に自信をもってゆこうではないか。
人生の内においては、
良いことも悪いこともあるけれども、
その一つ一つを、真理の観点から、
丁寧に意義を発見してゆけば、
一つ一つの中に、かけがえのない教訓が含まれており、
かけがえのない真理の教えが含まれており、
大いなる神の慈愛の御手に、

抱かれているのが分かるのである。
業の法則からいっても、
一つ一つの過去の出来事の内には、
掘り下げれば掘り下げてゆく程に、
深い天の叡智が実在し、
その奥に、慈愛ある天の配材が、
実在しているものなのである。
故に、自我我欲に基づく執着を拭い去って、
真理の観点から、一つ一つ、歴史を、
肯定的に、積極的に、建設的に観じ、
一つ一つの出来事に歴史哲学を発見してゆけば、
自分自身の内に、日本史や世界史に匹敵するような、
ミクロの一大光明芸術の種子が、

既に潜在しているものなのである。
それは、ただ潜在しているものであって、
「光」をあてて観なければ、
真に「光」として顕現してゆかないものなのである。
真なる光明の「光」を、
実在の「光」として輝かせてゆけば、
どのような事柄の内にも、
大いなる神の真理が秘められているものなのである。
その真理を、一つ一つ発掘してゆけばゆく程に、
人生は真に豊かになり、繁栄し、
発展してゆくことが出来るといえるのである。
まず、自分自身の歴史を、
一大光明芸術として観じてゆこうではないか。

そして、しっかりとした自己信頼を、
天の御心のもとに持ってゆこうではないか。
真に、一大光明芸術の真理の中に、
生かされている自覚があればある程に、
人生そのものが光輝き、
「光」がさらなる「光」を呼び、
さらなる光明芸術が創造されてゆくといえるのである。
真なる一大光明芸術史観のもとに、
あらゆる面において、
すべては善くなってゆくしかないのである。

九、無常なる世の中においては
永遠なるものこそ価値の源である

諸君よ、地上においては、
無常なるものの方が、
永遠なるものよりも多いのである。
故に、永遠性があればある程に、
それは、究極の価値の源であるといえるのである。
故に、常に永遠なるものに価値を見い出し、
永遠なるものにつき、
永遠なるものと一体となり、
永遠なるものと共に歩んでゆこうではないか。

常に永遠普遍なるものを探究し、
永遠なるものを創造しつつ、
善く生きることを実践しつづけてゆこうではないか。
この地上においては、
永遠なるものは、ほんの一握りであって、
ありとしあらゆるものの本質の内に、
無常性が宿されているといえるのである。
しかし、たとえ一握りであっても、
永遠なるものが実在するだけで、この地上は、
神の国、仏の国、理念の国であるといえるのである。
そして、真に永遠なるものは、
永遠なるものを探究しつづけてゆく方々によって、
発見されなければ、

真に存在しないのと同じなのである。
故に、一つでも、永く続いているものを、
心の内にも、心の外にも、
発見してゆく努力を積み重ねてゆこうではないか。
そして、無常なるものには、
積極的に執われないようにしようではないか。
永遠なるものには、
積極的に心を定めてゆこうではないか。
この意味において、いかに、地上において、
いかなる時においても永く続けてゆくということが、
大切であるかということがいえるのである。
永遠の誓いをしたとしても、
現実に無常であるならば、

それは、永遠ではないのである。
永遠なるものにむけて、
あらゆるものを、永遠の誓いどおりに打ち建て、
あらゆる無常なる現象の内に、
永遠なる理念的実在を顕現させつづけてゆけば、
それこそ、真なる成功であり、真なる勝利であり、
真なる繁栄であるといえるのである。
永遠なるものを真に探究し、
実践しつづけてゆけば、
あらゆる面において、
すべては善くなってゆくしかないのである。

十、神の御心に立脚して正見してゆけば
正しく観じられる

諸君よ、正見というものは、
真理の観点から、
物事を正しく観じてゆくということである。
正しくということは、
神の御心を御心として、
観じてゆくということである。
故に、常に、神が物事を、
どのようにして観られているかということを、
探究してゆかなくてはならないのである。

そして、神が観られているように、
自らの視野を、高く、広く、深く、
してゆかなくてはならないといえるのである。
まずは、すべての中に、
神性を発見してゆく、
観方をしてゆくことが大切である。
そして、すべての与えられることを、
天の配材であると観じて、
感謝をもって相対しなければならない。
そして、天の配材であるから、
不平不満や愚痴をこぼすことなく、
自己の業の顕れとして、
心虚しく受けとめてゆかなくてはならない。

自己の業が、天の配材となって、
自分自身に、魂修行の機会を、
与えて下さっているのであるということを、
観じてゆかなくてはならない。
それ故に、すべての天の配材を、
心虚しく受けとめた上で、
無限の自己変革を、
なしてゆかなくてはならないのである。
そして、自分自身が変わってゆけばゆく程に、
天の配材も、無限無数に変わってゆくのであり、
すべてのすべては、天の配材であると同時に、
自らの心の顕れであるといえるのである。
そのようにすべてを観てゆけば、

すべてのすべての内に、
神性を発見しつづけてゆくことが出来るのである。
真に神性が発見出来るということは、
自らの内に神性が発見出来ることと同じであるので、
まず、自らの心の内に、
永遠普遍の神性があることを信じ、
顕現してゆくように、
反省してゆかなければならない。
そして、自らの神性の顕現度合いに応じて、
外なる神性も、より高く、より広く、
より深く、観えてゆくのである。
その意味において、正見とは、
結局のところ、自らの神性の発見であり、

自らの神性によって、
神の御心を発見してゆくことであるといえるのである。
真に神の御心に立脚して、
すべてのものを正見してゆけば、
あらゆる面において、
すべては善くなってゆくしかないのである。

十一、思いこそがその方自身であるから
正思をなしつづけてゆけ

諸君よ、正思というものは、
真理の観点から、自らの想念感情を、
正しくしてゆくということである。
人間は、その本質において、思いこそが、
より一層、本来のあり方であるといえるのであり、
その方が考えていることが、
そのまま、その方自身であるといえるのである。
故に、日々自らの想念を点検してゆけば、
自ずから、外面には顕れない、

自らの真なる姿というものが、
明らかになってゆくのである。
特に、天上世界においては、
人間は、魂のみの存在になるので、
思いもそのまま、
その方の姿となって顕れてしまうので、
まさしく、思いの連続こそが、
その方であるという真理が、
如実に悟られるのである。
しかし、思いというものは、
目に見えない存在であるが故に、
日々正しく思う反省を習慣にしておかなければ、
見逃してしまいがちなことなのである。

反省的瞑想というものも、
骨子は、瞑想的禅定をなすことによって、
自ら自身をふり返り、
自らの思いを観じてゆくことにあるといえるのである。
そして、誤った思いを、
真理に即して一つ一つ反省し、浄化してゆけば、
過去の思いは昇華され、
心を黄金にしてゆくことが出来るのである。
そして、その過去の思いが善き原因となって、
未来に善き結果を育んでゆくことが出来るのである。
具体的には、貪《とん》、瞋《じん》、痴《ち》、慢《まん》、疑《ぎ》の、
五大煩悩を中心に反省してゆけばよく、
さらに点検項目を増やしていってもよいのである。

そして、例えば、貪欲であるならば、
名誉欲や、金銭欲や、物欲や、地位欲や、
性欲や、自己顕示欲や、焦り等を反省し、
瞋恚《しんに》であれば、
怒りや、裁きや、憎しみや、
恨みや、復讐心等を反省し、
痴であれば、
無知の知や、真理を学ぶことなどの不精進や、
愚痴や不平不満等を反省し、
心の三毒となる、
苦の真なる原因としての煩悩や執着を、
一つ一つ丁寧に取り除き、浄化し、
昇華してゆけばよいのである。

真に真理のもとに正しく思いつづけてゆけば、
あらゆる面において、
すべては善くなってゆくしかないのである。

十二、真理に立脚して正語を反省してゆけば言霊が幸えてゆく

諸君よ、正語というものは、
真理の観点から、
正しく語ってゆくということである。
それ故に、悪口や批判、
嘘や偽りなどは当然のこと、
正思において反省された、
貪、瞋、痴、慢、疑の、
五大煩悩に基づいた言葉を、
反省してゆくということが大切なのである。

例えば、足ることを知らない、
煩悩に裏づけられた言葉は、
なかったかどうかを反省し、
怒りの煩悩に裏づけられた言葉は、
なかったかどうかを反省し、
愚かさの煩悩に裏うちされた言葉は、
なかったかどうかを反省し、
増長慢の煩悩に裏うちされた言葉は、
なかったかどうかを反省し、
疑いの煩悩に裏うちされた言葉は、
なかったかどうかを反省してゆけばよいのである。
そして、あらゆるマイナスの言葉を反省しながら、
言葉を調律し、

プラスの言葉を発してゆくように、
習慣づけてゆかなければならないのである。
言葉というものは、
「言霊」といわれるものがあり、
言葉自体に創造力が実在しているので、
言葉をプラスのものになしてゆけば、
それだけプラスのものが、
創造されてゆくといえるのである。
故に、真理に基づいた正しさといっても、
無限の高さがあり、広さがあり、深さがあるので、
言霊には、無限の可能性があるといえるのである。
それ故に、一つ一つの言葉を、
おろそかにすることなく大切にし、

一つ一つ、プラスの言霊を、
発しつづけてゆけばよいのである。
そして、より一層、
智慧と慈悲に裏づけられた言霊を話し、
より一層、建設的で、肯定的で、
積極的な言葉を話しつづけてゆけば、
言霊の力によってこそ、人生が創造され、
運命が開拓され、そこに、
神の国、仏の国、理念（イデア）の国が、
顕れてゆくといえるのである。
真理に基づいて正語を調律してゆけば、
あらゆる面において、
すべては善くなってゆくしかないのである。

十三、知行合一の精神をもって
正しい行いを正業としてなしてゆけ

諸君よ、正業というものは、
真理の観点から、
正しい行いをなしてゆくということである。
知行合一という言葉があるけれども、
いくら知識において、
正しい心のあり方を学んだとしても、
実際に実践しつづけてゆかなければ、
ただ単なる知識に終わってしまうのである。
そして、真に、行動によって、

実践の裏づけのある知識こそが、
真なる智慧となって、
心の実力となってゆくのである。
また、思いというものは、
目に見えないものであるから、
点検することは難しいといえるけれども、
行いをみてゆけば、
どのような思いをもっているかが、
客観的に表れているといえるので、
点検しやすいといえるのである。
具体的には、
貪、瞋、痴、慢、疑の五大煩悩が、
具体的に行いの中に反映されていないかどうかを、

点検してゆけばよいのである。
足ることを知らない煩悩のままに、
行いが誤っていないかどうかであるとか、
怒りの煩悩のままに、
行いが誤っていないかどうかであるとか、
愚かさの煩悩のままに、
行いが誤っていないかどうかであるとか、
増長慢の煩悩のままに、
行いが誤っていないかどうかであるとか、
疑いの煩悩のままに、
行いが誤っていないかどうかであるかとかを、
一つ一つ点検してゆけばよいのである。
行いもまた、思いや言葉と同じく、

心の想念帯の部分に記録され、
魂の傾向性としての業そのものになってゆくので、
行いを通して業を発見し、
行いを通して業を修正し、
イノベーションし、
正しい業を創ってゆけば、
それが、善き習慣、善き傾向をもった業となり、
魂を、大調和裡に、
発展向上させてゆくことが出来るのである。
また、具体的に、
一日の行いの顕れとしての仕事の内実を、
よくよく点検してゆくのも、
正業の項目で反省してゆけば、

正しい仕事のあり方に、
イノベーションされてゆくといえるのである。
真なる正業の反省のもとに、
あらゆる面において、
すべては善くなってゆくしかないのである。

十四、真理に則った生活をなしてゆくことが正命である

諸君よ、正命というものは、
真理の観点から、
正しく命を全うしてゆくということである。
まず、形式的にも、日々を、
正しく生活をなしてゆくことが大切である。
中道に則った、
規則正しい生活をなしてゆくことが、
真に魂を磨いてゆく、
大道となってゆくのであり、

常に中道を旨とした、
快楽にも偏らず、苦行にも偏らない、
バランスのとれた生活をなしてゆくことが、
要であるといえるのである。
そして、真に命を、真理の観点から、
正しく全うしたといえるためには、
真理そのものに命を投入して、
真に「善く生きる」ことを、
大切にしてゆかなければならないのである。
その意味において、
真理価値の高い時間を生きてゆくことが、
大切になってくるのである。
真理の観点からみて、価値のある時間もあれば、

真理の価値からみて、価値のない時間もあるので、
真に一刻一刻の生命を、
真理価値の高い時間の内に投入し、
真理価値を高める生き方を、
創意工夫してゆかなければならないといえるのである。
真に理念価値としての、
真善美聖に則った、
地上的な生を超越した、
理念（イデア）的な生を、
全うしてゆくことこそ、
真に「善く生きる」ということの本質であり、
そのために、地上にありながら、地上を越えた、
永遠普遍の理念（イデア）を体現した命を、

全うしてゆくことが、
大切であるといえるのである。
故に、真に魂の糧となる真理をよく学び、
真理を実生活の内によく活かし、
生活そのものを、
真理生活へと昇華してゆくことが、
大切であるといえるのである。
真に、真理に則った、
真理を体現した生活を送ってゆけば、
あらゆる面において、
すべては善くなってゆくしかないのである。

十五、正しく道に精進し努力の過程を悦んでゆけ

諸君よ、正精進というものは、
真理の観点から、
正しく努力精進してゆくということである。
地上にも様々な努力精進があるといえるが、
中軸となるのは、
真理を学び、真理を体現するための、
努力精進であるといえるのである。
真理を体得するということは、
継続した自助努力の精神が不可欠であって、
日々、自助努力を積み重ねてゆくことが、

大切であるといえるのである。
そして、真なる大いなる夢というものも、
正しい方向における自助努力によってこそ、
達成されてゆくものであるといえるのである。
まず、大いなる夢を、
掲げるということが大切であり、
次に、明確な目標を、
掲げてゆくということが大切であり、
そして、明確な目標を、
一つ一つ丁寧に、
達成しつづけてゆけばよいのである。
また、人間の実相は、神そのものであり、
仏そのものであり、

理念（イデア）そのものであり、
その意味において、
神性、仏性、理性は、
万人が宿しているものであるが、
それは、正しい真理に向かう自助努力によって、
顕れてゆくものであって、
その修行の過程というものが肝要なのである。
その意味において、
本来の実相論（理念論）というものは、
「かくあるべし」という、
正しい自助努力の方向性を、
差し示しているものであるともいえるのである。
その意味において、

常に「かくあるべし」の本来の姿を直視しながら、
同時に、「かくある」の現在の姿を直視し、
その間を、日々の適切な自助努力で、
埋めてゆけばよいのである。
そして、真理を学び、真理を体現しつつ、
大いなる夢を実現してゆく自助努力の過程は、
それ自体が、大いなる悦びの大道であるので、
努力の過程をこそ、
真なる充実感のある幸福感で、
満たしてゆけばよいのである。
真なる正精進のもとに、
大いなる夢を実現しつづけてゆけば、
あらゆる面において、

すべては善くなってゆくしかないのである。

十六、正念を把持しつづけてゆくことによって積極的に人生を創造してゆけ

諸君よ、正念というものは、
真理の観点から、
正しく念じてゆくということである。
念いというものは、
思いや想いがより集中したものであって、
創造力を有しているものなのである。
故に、一定の剛い明確な念いを、
持続させつづけてゆくことが出来ると、
念いは実現するのである。

故に、常に自らの念いを点検し、
否定的な思考になっていないかどうかを点検し、
常に肯定的な思考に変えてゆく習慣を、
つけてゆかなければならないのである。
常に否定的な思念を念じつづけていると、
否定的な事柄が、
人生において実現してしまうし、
逆に、肯定的な思念を念じつづけていると、
肯定的な事柄が、
人生において実現してゆくといえるのである。
故に、念いの質を、
より積極的で、建設的で、
力剛く、明朗なものに変えて、

光明信念を持続しつづけてゆくことが、
肝要なのである。
光明信念である以上、どのような、
光明思念と異なる否定的な思念があろうとも、
それらを弾き返してゆくだけの、
剛さと持続力を培ってゆくことで、
より積極的な人生を、
開拓してゆくことが出来るといえるのである。
さらには、信念の質を高め、
より崇高な信仰、信条、業等を、
有してゆくことも大切である。
人間は、思っていることがその方自身であるが、
同時に、念いつづけている信念の質によって、

人格を創造し、
人生を創造してゆくことが本質であるので、
常に念いの質を高めてゆくことが、
大切であるといえるのである。
また、より崇高なる無限者に対して、
無私なる敬虔な祈りを捧げてゆくことも、
正念の内に入ることであろう。
正しい祈りもまた、
人生を創造し、
人生を牽引してゆく力があるのである。
真に正しく正念しつづけてゆけば、
あらゆる面において、
すべては善くなってゆくしかないのである。

十七、正定によって内奥なる神仏の光明
理念（実相）の光明が顕れてゆく

諸君よ、正定というものは、
真理の観点から、
正しく精神統一をしてゆくものである。
精神統一というものは、
悟りのアルファであり、オメガであり、
精神統一の深さ、高さ、広さこそが、
悟りの段階そのものであるといえるのである。
まず、自らの心をリラックスさせながら集中し、
神仏の方向、理念（実相）の方向に、

心の針を向けてゆかなければならない。
そして、心の針が、
常時、長時間にわたって、
神仏の方向、理念（実相）の方向に向いて、
持続させられる方が、
真に悟りの高い方であるといえるのである。
人間は、その精神において、
心の針の主として集中している所に、
住んでいるといえるのであり、
心の針の集中している所を、
客観的に点検してゆけば、
自らの悟境を悟ることが出来るのである。
正定という正しい精神統一の中には、

正しい祈りも含まれており、
真に心の波を調え、
心を高次元の波長にした上で、
正しく祈れば、
神仏の御心に通じ、
応答がかえってくるといえるのである。
そのためには、常に、
反省的瞑想を欠かさず、心の曇りを、
払いつづけておかなければならないといえるのである。
そして、正定の究極にあるのは、
自分自身の心の内奥にある神仏と一体化し、
内なる神仏、内なる理念（実相）を、
顕現せしめてゆくことであるといえるのである。

そのことによって、八正道は完成し、
心の内奥から、般若の智慧、
神仏の光明を、
無限に汲み出すことが、
出来るようになってゆくのである。
正しい精神統一のもとに、
あらゆる面において、
すべては善くなってゆくしかないのである。

十八、光に対して確固とした信仰心を打ち建てよ

諸君よ、光というものは、
時間を経れば経る程に、
その効果を顕わしてゆくものである。
故に、光の作用反作用というものも、
時間を経てゆく内に、
より一層、明らかなものとなってゆくのである。
故に、諸君は、
明確な光についておいて頂きたい。
光に対して、しっかりとした信仰心を、
打ち建てておいて頂きたい。

我が言葉は、そのままで光である。
光であって、光としての、
意志をもっているものである。
故に、光を押しすすめてゆくだけで、
自然に、神の国、仏の国、理念の国が、
実成してゆくのである。
諸君らは、言葉以前に、
光が実在しているということも忘れてはならない。
そして、光を顕わすために、
言葉が実在しているのである。
光とは、究極の実在であって、
あらゆる無常なるものを超越したものなのである。
故に、光は、必ず、

あらゆる無常なるものに対して、
勝利してゆくのである。
時間を経れば経る程に、
光が勝利したことが顕らかとなってゆくのである。
その意味において、
無常なる事柄の一つ一つに対して、
一喜一憂していなくてもよいのである。
そのようなすべての事柄を超越して、
光は、光としての天命を実現してゆくのである。
故に、諸君らは、
一つでも多くの光を掲げられたらよいのである。
我が光は、一篇の詩であっても、
歴史を創ってゆくだけの力を有しているのである。

その言霊が、これだけの質と量をもって、
展開しているということは、
この光に基づいて、新しき文化文明が、
創造されてゆくしかないのである。
光こそが、あらゆる文化文明の生命の源であって、
光がなければ、文化文明は本来の生命を失い、
滅びてゆくものなのである。
我が掲げている光は、
新しき文化文明の、
生命の源となる究極の実在である。
一貫して不変なる光を観ぜよ。
そして、光を信じ、光に全託し、
光の内を歩んでゆけ。

さすれば、真に光ある人生が拓けてゆくであろう。
いついかなる時においても、
光の内を、光を掲げて歩みつづけてゆけば、
あらゆる面において、
すべては善くなってゆくしかないのである。

十九、人生は一大光明芸術の連続である

諸君よ、徒らに過去を振り返ってはならない。
過去のことはすべて天に委ねて、
次なる未来のことを、
考えてゆく習慣をつけてゆきなさい。
人生は、一大光明芸術の舞台であり、
何が役に立つかは、
その時は分からないものなのである。
そして、すべての過去の遺産が、
いつか、必ず役に立つようにしてゆけばよいのである。
その意味において、

積極的精神態度をもって、
真に過去を愛せよ。
そして、現在を愛せよ。
さらに、未来を愛せよ。
すべてを積極的に受けとめて、
あらゆるものを、
イノベーションしつづけてゆきなさい。
人生は、発展の連続であり、
チャンスの連続であり、
飛躍の連続であり、
本来、成功の連続であり、
本来、勝利の連続であるものである。
故に、伸び伸びと、

朗らかに、自由闊達に、
大いなる夢を実現しつづけてゆこうではないか。
どのようなことの中にも、
必ず光明の種子を見付け、
次なる成功の土台としてゆこうではないか。
次なる勝利の土台としてゆこうではないか。
輝かしい未来は、
常に実在しているものなのである。
輝かしい現在は、
常に実在しているものなのである。
そして、輝かしい過去も、
常に実在しているものなのである。
常に、光明信念において不退転たれ。

自然体において、
常に体勢を崩さず、
伸びやかに不退転たれ。
大いなる夢は、
人生の一大事業なのである。
そして、一大光明芸術なのである。
そのことを念い描いて、
どのような局面も乗り越えてゆけば、
あらゆる面において、
すべては善くなってゆくしかないのである。

二十、小さなことに執われず
大局観に立脚しつづけよ

諸君よ、小さなことにこだわらず、
常に大局を観ぜよ。
そして、心を、常に積極的思考に向き直せ。
さすれば、積極的な未来が、
自ずから拓かれてゆくのである。
本来、執われなくともよい悩みなどに執われていては、
人間は、同時に二つのことを、
思考できないのが本性であるから、
大局観を見失い、

大いなる夢を見失ってゆくのである。
たとえ困難に直面していようとも、
大局観において、
乗りきってゆくことが大切なのである。
小さなことに執われ、こだわることは、
誰でもできることであるが、
その執われによって自らを小さくしてしまうのは、
ある意味で、損な生き方であり、
損な考え方であるといえるのである。
大いなる夢というものは、
真なる光明信念の持続によってこそ、
達成されてゆくものであり、
真なる光明信念を持続してゆこうとすれば、

一つ一つの小さな悩みを、
超克してゆかなければならないのである。
心を、常に、あらゆるこだわりから、
自由にしておかなければ、
真なる自由な発想が出来ず、
公平な発想が出来ないのである。
常に、大局に立脚した公平な視点から、
自由自在に思索しつづけてゆけば、
大局を誤つことなく、
一本の王道を、
敷きつづけてゆくことが出来るのである。
その意味において、
小さなことを小さなことであると認識できることが、

まず大切であり、
小さなことである以上、小さなこととして扱い、
最低限のフォローをしてゆけばよいのである。
その上で、小さなことから真に自由になり、
常に大善につき、
大善とは何かということを、
思索しつづけてゆくことこそ、
真に大器を創ってゆく条件であり、
大いなる夢を実現してゆく、
条件であるといえるのである。
真に大局観に立脚した、
戦略的思考をなしつづけてゆけば、
あらゆる面において、

すべては善くなってゆくしかないのである。

二十一、真なる悦び一元の信条をもって
一大光明芸術を創造してゆけ

諸君よ、悦び一元の信条とは、
決して、人生の苦しみの現実から、
逃避せよということではない。
むしろ、苦しみの現実を真正面から見据え、
その内奥に隠されている、
神の一大光明芸術を、
観じてゆこうということである。
人生におこるどのようなことの内にも、
一大光明芸術の芽は実在しているのである。

しかし、それを発見してゆくためには、
常に一大光明芸術を観ずる眼を、
培ってゆかなければならないといえるのである。
そうすれば、一見苦境と見えるものの中にも、
無限無数の一大光明芸術の芽が、
隠れていることが分かるのである。
その一つ一つを発見し、顕現しつづけてゆけば、
どのような時も、
一大光明芸術の過程として認識されてゆくのであり、
実際に、一大光明芸術が顕現してゆくのである。
人生の可能性というものは、未開拓のものであって、
神の光明の鍬をもって開拓してゆけばゆく程に、
一大光明芸術の新天地が、

開拓されてゆくものなのである。
故に、常に、神の視点から人間を観、
世界を観てゆこうではないか。
一大光明芸術の神の眼から、
どのような苦境をも観じてゆこうではないか。
そして、どのような苦境も、
一大光明順境へと転化してゆこうではないか。
人生というものは、念いの力によって、
どのようにも変化してゆくものなのである。
そして、今、一刻一刻の念いそのものの連続が、
実人生を創造しつづけているのである。
故に、一見苦境に観えたのは、
実は目の錯覚であって、

一大光明芸術の一場面であると観じて、
どこまでも、圧倒的善念、圧倒的愛念、
圧倒的信念をもって、
一大光明芸術を実現しつづけてゆこうではないか。
真に神と共にあり、
神の一大光明芸術の念いと共にあれば、
あらゆる面において、
すべては善くなってゆくしかないのである。

二十二、自分らしさの原点に立ち返って大いなる夢を実現しつづけよ

諸君よ、自分自身の天分を発見するということは、
真に自分自身を活かすということである。
自分自身に与えられた、
天来の道を発見して歩みつづけてゆけば、
必ずや、誰もが、天才の仕事を、
なしてゆくことが出来るものなのである。
天才の仕事ということは、
自分自身にしか出来ることのない仕事ということであり、
他の人によっては変えがたい仕事ということである。

その方に唯一無二なる、
個性的イデア（理念）が実在するということは、
その方にしか出来ない唯一無二なる仕事が、
天命として実在しているということなのである。
その意味において、常に、
自分自身に天から与えられた、
唯一無二なる仕事という観点に立ち返って、
自己の原点を確認しながら、
着実に、確実に、
大道を歩んでゆかれればよいのである。
そして、自分らしさというものをよくよく分析して、
自分の個性が活きる自己の原点というものを、
大切にしていただきたいのである。

魚であっても、水中でなければ泳げなく、
また、生存できないように、
自分に適した天命の内では、
水を得た魚のような活躍が出来るものなのである。
自分自身が、何かスランプに、
陥っているように感じたりしている時は、
自分らしさを見失って、
無理をしていることも多いのである。
そのような時には、
常に自己の原点に立ち返って、
自分らしさの原点に立ち返って、
自然体の自己を取り戻していただきたいのである。
そして、自らの長所を最大限に活かし、

自らの短所を最大限に補う形で、
自分らしい自己実現を、
大いなる夢の実現としてなしつづけてゆけば、
あらゆる面において、
すべては善くなってゆくしかないのである。

二十三、心を寛くもち
あらゆる存在価値を礼拝してゆけ

諸君よ、寛々とした心をもとうではないか。
その心の内に、いかなる時間を歩む方も、
いかなる空間を歩む方も生きられるような世界を、
創造してゆこうではないか。
人間は、心の世界を自由自在に創造出来、
創造された世界に住むことが出来るのである。
故に、様々な時間や、様々な空間をもつ心を、
創造してゆくことによって、
外なる世界においても、

その世界に同通する世界が顕れ、
人間関係等が生じてくるのである。
故に、まず、自分自身の心の内奥に、
どのような世界を築いてゆくかということを、
ありありとしたビジョンとして、
有してゆかなくてはならないのである。
寛々とした世界とは、
どのような次元の高さにある方々をも善しとなし、
どのような個性を有した方々をも善しとなし、
それぞれの人間観、世界観を、
認めてゆくような心の世界である。
この地上における様々な考え方の内には、
必ずや、一片の真理が含まれているので、

そのすべてを肯定し、
心虚しく学んでゆくことが大切なのである。
その意味において、
すべての存在の根底にある理法を、
積極的に礼拝してゆこうではないか。
あらゆる存在を肯定されている、
究極の神の御心を、
拝み出してゆこうではないか。
あらゆる存在の根底には、
かくあれという神のあらしめる念いが、
実在しているのである。
この神の究極の念いに、
少しでも近づいてゆくことこそ、

真なる哲人の天命なのである。
故に、真なる哲人は、
あらゆる存在の根底にある理念価値を礼拝し、
心を限りなく寛くしてゆくのである。
あらゆる面において、
すべては善くなってゆくしかないのである。

二十四、唯一無二なる自然法に則った自然体で生きてゆけ

諸君よ、無理をしないで、
自然体で生きてゆくということは大切なことである。
自分自身の心の内において、
無理をしていることを一つ一つ取り除いてゆけば、
本来の自分らしさが現れてゆくのである。
自分らしさというものが真に活きてゆくためには、
余裕というものが必要なのである。
積極的に余裕を創り出してゆき、
その内に、自分らしさを活かしてゆけば、

伸び伸びとした幸福感というものが、
生じてゆくのである。
自分らしさとは何かといえば、
自分自身の人生を振り返ってみて、
一番幸福な時はいつであったかということを、
考えてゆけばよいのである。
そして、一番幸福であった時の、
ライフスタイルを中心に、
生活を構築してゆけばよいのである。
人間は、真に余裕をもって自分らしく生きた時に、
最高の幸福を感ずるものであり、
逆に、無理をして、自分らしくなく生きた時に、
最大の不幸感覚を感ずるものなのである。

この自分らしさというものこそが、
本来の天から与えられた、
自己自身の自然法なのである。
すべての方は、本来、自己の内奥に、
唯一無二の自然法を有しているのであり、
この自然法を発見してゆくということが、
自分自身にとっての幸福の大道を、
発見してゆくということなのである。
そして、真なる自然法に則って生活してゆくことが、
善く生きるということであり、
善く生きるためには、常に、
自らにとっての自然法とは何かということを、
心の内奥なる良心の声に、

耳を傾けてゆくことが大切なのである。
自然法に則って、
自然体で生きてゆくことが出来れば、
それ自身が、
天命を全うしてゆくということになるのである。
自分自身にとっての無理なことを一つ一つ取り除き、
自然体を保ちつづけてゆけば、
あらゆる面において、
すべては善くなってゆくしかないのである。

二十五、三次元世界の本質と「場」について

諸君よ、三次元世界という、
「場」を価値座標にした、
世界観について述べておきたいと思う。
三次元世界とは、
縦、横、高さの物質世界であって、
本来、霊の世界ではなく、心の世界ではない。
しかし、この三次元世界に、
物質の形式をとった肉体を有することによって、
その内に、「魂」を有し、
「魂」の中核に「心」を有し、

四次元世界以降の霊的世界に、
生きながらにして通じながら、
生きることが出来るのである。
しかし、三次元世界という、
共通の「場」をもつことによって、
本来、様々な階層と、
個性のある世界に住んでいた霊的実在が、
等しく出会うことが出来、
そこに、魂修行の「場」、
一大光明芸術の「場」が出来るのである。
具体的には、主として、四次元世界、
五次元世界に心が通じている方が大多数であり、
平均して、五次元世界に通じている方は、

二人に一人ぐらいであり、
六次元世界に通じている方は、
千人に一人ぐらいであり、
七次元世界に通じている方は、
百万人に一人ぐらいであり、
八次元世界に通じている方は、
一億人に一人ぐらいであり、
高次元に行く程に数が少ない、
一種のピラミッド型になっているのが、
この三次元世界の本質なのである。
それ故に、肉体という「魂」の乗り舟を無くした、
死後の「心」の世界においては、
なかなか出会えない方々と、

出会える機会があるといえるのである。
その意味において、心虚しくして、
三次元世界の存在意義について探究し、
三次元世界に、
神の国、仏の国、理念（イデア）の国を、
創ってゆかなければならないといえるのである。
その意味において、
真に三次元世界の存在する意義を全うしながら、
より開かれた高次元意識をもって、
「善く生きる」ことを探究してゆけば、
あらゆる面において、
すべては善くなってゆくしかないのである。

二十六、四次元世界の本質と「時間」について

諸君よ、四次元世界という、
「時間」を価値座標にした、
世界観について述べておきたいと思う。
ただ単に、縦、横、高さの世界観のみであれば、
物質のみの世界であって、
「霊」的なもの、「心」的なものが、
無くなってゆくといえるのである。
もちろん、三界は唯心の所現といわれているように、
三次元世界であっても、
神の光によって創られている世界であり、

「霊」と「心」の展開した世界であるといえるが、
「時間」という価値座標がないがために、
「固定」した世界であり、
「現在」しかない世界であるといえるのである。
これに対して、「時間」という価値座標を加えて、
「過去」や「未来」等が入った霊的な世界、
心の世界こそが、
四次元世界であるといえるのである。
しかし、基本的に、三次元世界に近いが故に、
三次元的属性を多分に有している、
世界であるといえるのである。
五次元世界は、「善」という価値基準、
「与える愛」という価値基準で出来ているが故に、

「悪」という価値基準、
「奪う愛」という価値基準で出来た世界も、
四次元世界には存在しているといえるのである。
それは、ただ単に、「善」の不在、
「与える愛」の不在、
「光」の不在であるといえるが、
一種の地獄界が出来ており、
人間の「悪」の想念の種類だけの地獄が、
無限無数に存在しているといえるのである。
その根本にある原因は、
三次元世界への執着と、
五次元以上の「善」の世界、
「与える愛」の世界、

「光」の世界への逆行であるといえるのである。
しかし、それは、
積極的に、「善」なる「神」「仏」「理念」の、
創造された世界ではないので、
「光」を掲げてゆくことによって、
本来無き世界として無くなり、
「光」の世界が顕現してくるものなのである。
あらゆる面において、
すべては善くなってゆくしかないのである。

二十七、五次元世界の本質と「善」について

諸君よ、五次元世界という、
「善」を価値座標にした、
世界観について述べておきたいと思う。
心の世界というものは幾層もあり、
様々に分けてゆくことが可能であり、
三界は唯心の所現といわれるが如く、
すべての世界が、
心の展開した世界であることは、
自明の理である。
故に、五次元世界というものは、

縦、横、高さ、時間という、
四次元世界の価値座標に対して、
新たに「善」という価値座標を加えることによって、
展開している世界であるといえるのである。
心の多次元世界は、本来すべて、
神の光によって、
創造されているものであるといえるが、
神の光が「善」として顕れているのが、
五次元世界の特徴であるといえるのである。
ここでいう「善」とは何であるかといえば、
主として、「与える愛」
「無償の愛」であるといえるのである。
故に、心の習慣において、

常に「与える愛」を旨にして、
愛を実践しつづけている方が、
主として、この五次元世界という、
心の世界に住んでおられるといえるのである。
この五次元世界に住む条件の中に、
「与える愛」があるということは、
地上的な世界も、
仕事という一種の「与える愛」によって、
はじめて生きてゆけることと、
同じ構造になっているのである。
仕事の本質とは、
「与える愛」にあるのであり、
人々に奉仕してゆくことにあるのであり、

世の中の役に立つためにあるのであり、
人々に愛を与えるということが、
人格の第一条件であるといえるのである。
故に、具体的に「与える愛」を実践しつづけて、
「善」を創造し、
「善人」になってゆけば、
五次元世界は創造され、
あらゆる面において、
すべては善くなってゆくしかないのである。

二十八、六次元世界の本質と「真理の修行」について

諸君よ、六次元世界という、
「真理の修行」を価値座標にした、
世界観について述べておきたいと思う。
人間の内には、
何か崇高なるものに向けて、
修行をなしたいという、
根源的欲求があるものである。
それ故に、ただ地上世界を、
五次元世界的に善人として、
生きたいというだけではなくて、

それに加えて、
真善美聖の何らかの道に精通して、
生きたいという方もおられるのである。
こうした方々の心の内に展開している世界が、
六次元世界なのである。
この世界には、自ら何らかの道に精通されて、
立身出世された方が数多くおられるのであり、
その意味において、学者や、
芸術家や、政治家や、経営者や、
宗教家等が多い世界であるといえるのである。
その意味において、この六次元世界は、
「真理知識」を基にした、
リーダーの世界であるといえるのである。

それ故に、六次元世界の方々には、
特定の分野において、
リーダーの使命が要請されているといえるのである。
これらの「真理の修行」という価値座標は、
心の世界に、すべての方に、
平等に展開している世界であって、
それらの価値座標に目覚め、
精進しつづけてゆけば、
万人に開かれている道であるといえるのである。
そして、天上世界は、
心の世界の展開した世界であるので、
開拓された心の価値座標に応じた世界に、
還ってゆくことになるといえるのである。

人生の中心目標に「真理の修行」を置いて、
実際に真理修行に励まれた方は、
六次元世界という心の世界に住み、
天上世界に住むことになる。
「善」という価値座標に目覚め、
さらに、「真理の修行」という、
価値座標に目覚めてゆけば、
あらゆる面において、
すべては善くなってゆくしかないのである。

二十九、七次元世界の本質と「許す愛」について

諸君よ、七次元世界という、
「許す愛」を価値座標にした、
世界観について述べておきたいと思う。
許す愛というものは、
「善」という与える愛の中にも、
「真理の修行」という活かす愛の中においても、
大切なものであるといえるが、
真実の意味において、その心境において、
「汝の敵を愛せよ」という、
徹底した「許す愛」が出来てゆくのは、

主として七次元世界からであるといえるのである。
故に、六次元世界においては、
善と悪とに、明確に真理知識に照らし合わせて分けて、
活かすために裁き、糺す方向の愛が、
主とした眼目としてあげられ、
その智慧が、五次元世界のただ単なる善念よりも、
卓越しているといえるのであるが、
この善と悪とに分ける活かす愛を、
さらに超越してゆく立場が、
「許す愛」であるといえるのである。
この許す愛というものは、
善と悪を分ける真理知識を、
有していることを前提とした上で、

悪をも、徹底的に、
愛してゆく愛であるといえるのである。
ただ単なる与える愛というものは、
プラスの愛に対して、さらにプラスの愛を、
与えてゆくことが多いといえるし、
次なる活かす愛というものは、
プラスの想念にはプラスの想念を、
マイナスの想念には厳しいマイナスの想念を与えて、
叱責批判してゆく傾向にあるといえるが、
さらなる許す愛においては、
マイナスの想念に対して、
それを包み込む優しいプラスの想念を与えて、
徹底的に許し、包み、

愛してゆく傾向があるといえるのである。
その意味において、
大いなる宗教的境地として、
「許す愛」を中心価値座標とする、
七次元世界の天使の愛、菩薩の愛、
神々の愛に真に目覚めてゆけば、
あらゆる面において、
すべては善くなってゆくしかないのである。

三十、八次元世界の本質と「法」について

諸君よ、八次元世界という、
「法」を価値座標にした、
世界観について述べておきたいと思う。
心の世界というものは、
様々な価値座標によって、
幾重にも展開している世界であるといえるが、
八次元世界に到って、人間的属性を離れて、
「法」そのものの法身の姿を、
現成《げんじょう》してゆくようになるといえるのである。
仏教でいう「如来」の本質とは、「法」である。

「法」そのものが「如来」（「真如《しんによ》」）であり、
「如来」の証は、
「法」を説くことが出来る所に実在するのである。
「法」というものは、大宇宙、大自然の理法であり、
「神の心」そのものである。
故に、神道等においては、
「神」そのものであるといえるのである。
七次元世界においては、「許す愛」ということで、
未だ人間的属性が遺っており、
一対一人の愛であることが多いが、
八次元世界の「法」においては、はじめから、
一対多（一即多）の関係にあるといえるのである。
そして、すべてのものの中に、

神そのもの、仏そのもの、光そのもの、
ロゴスそのものの世界を見い出し、
顕現してゆくことが出来るのである。
故に、七次元の「論」は、具体性があって、
体験談、経験談を中心に、
話されていることが多いといえるが、
八次元の「法」は、抽象化されて、
法そのもの、理法そのもの、光そのもの、
ロゴスそのものを中心に、
話されていることが多いといえるのである。
光一元の光明思想が、
神そのもの、仏そのもの、光そのもの、
ロゴスそのものの世界を、

「法」として示現してゆくのは、
主として八次元世界からであるが、
この「法」が説かれ、
その「法」によって救われる世界は、
七次元世界、六次元世界、
五次元世界もありうるといえるのである。
真なる如来の真言《しんごん》は、
万人を救う根源的な力とエネルギーを、
有しているといえるからである。
真に「法」そのものに目覚めた、
「如来」「神」「仏」を尊重してゆけば、
あらゆる面において、
すべては善くなってゆくしかないのである。

三十一、九次元世界の本質と「宇宙」について

諸君よ、九次元世界という、
「宇宙」を価値座標にした、
世界観について述べておきたいと思う。
八次元世界においても、
「法」が中心の価値基準にあったといえるが、
未だ地球的属性の限定が、
多少かかっている場合があるといえるのである。
九次元世界の「理法」においては、より一層、
大宇宙、大自然の「理法」に合致しており、
より普遍性と永遠性を、

「法」が有しているといえるのである。
その意味において、
「宇宙」という本質を有しているといえるのである。
それは、仏教でいう「仏陀」、
キリスト教でいう「メシア」、
神道でいう「中心者」にあたる「理法」が、
実在している世界であるといえるのである。
その意味において、
「ユニバーサル ドリーム レボリューション」という、
新時代の聖書の中で、
「宇宙的叡智の時代」
「宇宙キリスト教の時代」
「宇宙神道の時代」

「宇宙仏教の時代」という、
大宇宙の理法が説かれているが、
これらはすべて、
「宇宙」という価値座標に基づいた、
九次元世界の理法であるといえるのである。
基本的に、八次元世界と九次元世界は、
「法」という観点において、
同じ世界であるといえるが、
役割分担において、
「宇宙」的属性をもって、
地球における「法」を、
司っておられるあり方において、
違いがあるといえるのである。

その意味において、
「法」そのものの中にも、
より洗練された大宇宙の理法、
そのものであるか否かという点において、
九次元においても差があり、
発展の原理が実在しているといえるのである。
真に洗練された、
大宇宙の理法が説かれてゆけば、
あらゆる面において、
すべては善くなってゆくしかないのである。

三十二、多次元世界の本質と「個性」について

諸君よ、個性次元世界という、
「個性」を価値座標にした、
世界観について述べておきたいと思う。
心の世界は、三次元世界だけではなく、
四次元、五次元、六次元、
七次元、八次元、九次元、十次元世界として、
階層的に分かれている世界であると同時に、
様々な価値理念をもった、
七色光線を主とする個性に、
分かれている世界であるといえる。

例えば、青色光線であるならば、哲学思想系統であり、
白色光線であるならば、愛の系統であり、
紫光線であるならば、秩序礼節の系統であり、
黄金光線であるならば、法の系統であり、
緑色光線であるならば、調和の系統であり、
銀色光線であるならば、科学の系統であり、
赤色光線であるならば、正義の系統であり、
本来、一つの無色の色でありながら、
その純粋真理が、無限無数の個性に分かれ、
それぞれに役割分担しているといえるのである。
それ故に、どれか一個性というよりも、
すべての個性を尊重してゆくことが大切であり、
すべての個性を活かしてゆくことが、

大切であるといえるのである。
この色というのも、一つの比喩であり、
それぞれの個性理念（イデア）を、
色に託したものであり、
その本質は、個性的役割分担の違いに、
存在しているといえるのである。
その根源には、十次元意識として、
大日意識、月意識、地球意識が実在し、
十一次元以降の大いなる根源の神より、
光を受け継いでいるといえるのである。
また、本来、九次元世界に居られる方が、
八次元世界に居られる所が太陽界であり、
同様に、本来、八次元世界に居られる方が、

七次元世界に居られる所が梵天界であり、
本来、七次元世界に居られる方が、
六次元世界に居られる所が諸天善神界であり、
本来、五次元世界に居られる方が、
四次元世界に居られる所が精霊界であり、
重層構造をもって、役割分担して、
存在している世界もあるのであり、
そのそれぞれが、
意義のある世界であるといえるのである。
真に、あらゆる個性的理念（イデア）を活かしてゆけば、
あらゆる面において、
すべては善くなってゆくしかないのである。

三十三、真理を限定するのは本来誤りであり　本来の真理は無限定である

諸君よ、真理は一面的なものでなく、
縦横無尽であり、
本来、無限定なものなのである。
それ故に、真理に、特定のレッテルを貼り、
限定をつけてゆくことは、極力戒めてゆかなければ、
真理そのものを縛り、逆に、真理そのものから、
縛られるようになってゆくのである。
例えば、「光一元の光明思想」、
「唯神実相（理念）哲学」においても、

反省の教えと両立するばかりか、
反省そのものの中に、
「光一元の光明思想」があることが、
一連の「理念（実相）の諦観」で実証されているし、
神直説の八正道で実証されているし、
また、善と悪、天国と地獄を分かつ、
正義と秩序の剛い思想もあることが、
一連の正義のメッセージの中で実証されているし、
さらには、「光一元の光明思想」、
「唯神実相（理念）哲学」が、
一躍挑入《いちやくちょうにゅう》するばかりの思想ではなく、
如来でない方には、段階的な、
「次元構造論」に基づいた教えがあることも、

一連のメッセージの中で実証されているし、
「光一元の光明思想」「唯神実相（理念）哲学」が、
「宇宙神道の時代」等の中において、
本来、九次元世界の教えを含んでいることが、
実証されているし、
その意味において、
太陽神の直接の神勅をも授かって、
天啓として降ろしていることも、
実証されているのである。
それが、本来の日本国の実相であり、
日章旗の理念（イデア）であるといえるのである。
そして、そもそも、
天御中主神の教えを、

「光一元の光明思想」、
「唯神実相（理念）哲学」という枠に入れて、
考えること自体、限界があることなのである。
真理は汝を自由にせんといわれているが如く、
本来、真理は自由自在である。
本来、無限定であり、
本来、純粋真理であり、
本来、神は一つである。
真なる真理のもとに、
あらゆる面において、
すべては善くなってゆくしかないのである。

三十四、真なる神の光が見抜けることこそ
悟りの証であり 使徒の天命である

諸君よ、信仰心をしっかりと持つということは、
人生を生きる上で最も大切な真理であり、
究極の成功哲学の一つなのである。
故に、神の天啓を信ずるということは、
神を信じ、預言者を信じ、
その間に降りた神の天啓を信ずるという、
三つの信仰心によって、
支えられているものであるといえるのである。
地上世界は無常な世界であり、

人間の心も無常な世界であるから、
一度確信した信仰心が崩れてゆく方も多いが、
そのような方は、真なる使徒とはいえず、
真なる聖人とはいわないのである。
無常な世の中であり、
無常な心をもっているからこそ、
永遠なる神の御心につき、
永遠なる神の光につき、
永遠なる神の摂理に、
ついてゆかなければならないのである。
そして、永遠なる信仰心を、
全うしつづけられた方のみが、
真なる使徒となり、

真なる聖人となってゆくのである。
これは、万人に望まれている訳ではないが、
「かくあるべし」の真理として、
天に要請されているものであるといえるのである。
我、天御中主神の直説の天啓も、
一貫して降り続けており、
天川貴之も、救世主として、
一貫して位置づけているのにもかかわらず、
その神の預言の真意が分からないようでは、
悟りが足らないといえるのである。
真なる悟りというものは、
真なる神の光、
神の御言葉を見抜くということである。

これが見抜けないようでは、
真に悟っているとはいえないのである。
決して、時の流れの中で、
様々なことがおこるであろうが、
一条の信仰心を捨てることなく、
心境を転落させることなく、
一生を全うして頂きたいと願う。
真なる使徒として、真なる聖人として、
天上界に帰天していただきたいと思う。
あらゆる面において、
すべては善くなってゆくしかないのである。

三十五、悲しみを通して人々の悲しみを知り
光明の愛をもって救ってゆこうではないか

諸君よ、人生には数多くの悲しみがつきものである。
それは、人間が、根底において、
愛というものを求めているからである。
しかし、地上においては、
全き愛というものが全うされにくいために、
どうしても悲しみがつきまとうことになるのである。
それ故に、愛故の悲しみというものもあれば、
人によっては、愛故の恨みというものも、
ありえるといえるのである。

しかし、その愛の質をよくよく考えてみれば、
真実の愛というものが、
地上的な執着によって、
歪めれらた姿であるといえるのである。
故に、諸君よ、悲しみの時には、
愛の中に光明を入れることによって、
悲しみの執着を薙《な》ぎ払ってしまいなさい。
恨みの時には、
愛の中に光明を入れることによって、
恨みの執着を薙ぎ払ってしまいなさい。
さすれば、全き無執着の愛がそこに顕れ、
光明の愛こそが、真に他者を救い、万人を救い、
そして、自分自身をも、

救ってゆくようになってゆくのである。
諸君らが悲しみを体験したならば、
それも尊い天の配材なのである。
それ故にこそ、
悲しみの内にある人を救えるからである。
諸君らが恨みを体験したならば、
それも尊い天の配材なのである。
それ故にこそ、
恨みの内にある人を救えるからである。
地上においては、
時にはつらい体験もあるであろうが、
そのような内においても、
光明の信念を失わず、

すべてを善き体験として昇華し、
善き救いの智慧として昇華し、
決して悲しみや恨みやマイナスの想念に、
打ちひしがれて、負けてしまわずに、
プラスの想念と光明の愛をもって、
真に勝利し、真に成功してゆこうではないか。
真なる悦び一元の信条の下に、
人々を救える人間として生長してゆけば、
あらゆる面において、
すべては善くなってゆくしかないのである。

三十六、焦りや無理をなくし泰然として中道中庸の道を歩みつづけよ

諸君よ、焦る必要はないのである。
地道に出来ることを積み上げられたならば、
それが、一条の大道となってゆくのである。
むしろ、悠然として歩んでゆかれたらよいのである。
その意味において、
無理をする必要もないのである。
自らの自然体を崩さないようにして、
歩んでゆかれる方がよいのである。
また、理想と現実のギャップを、

あまりにも感じられる必要もないのである。
理想は理想として掲げつづけられながら、
地道に、今出来ること、今しか出来ないことを、
積み重ねられてゆけばよいのである。
さすれば、自ずから、大道が築かれてゆくのである。
永い人生において、
常に「かくあるべし」の理念を、
把持しつづけていれば、
自ずから、現実がついてゆくものである。
故に、理想と現実のギャップに苦しむのではなくて、
理想が現実になってゆくその過程をこそ、
楽しんで歩んでゆかれればよいのである。
また、人に対して、

過度の期待をかけすぎる必要もないのである。
まず、ありのままの、
その方のあり方を肯定しながら、
愛し、慈しみ、その上で、
その方の長所を最大限に伸ばしてゆく形で、
その方の個性と時期に合わせた自己実現をもって、
よしとしてさしあげたらよいのである。
このように、焦りや無理やギャップや過度なものを、
常に、中道中庸へと戻しながら、
泰然として王道を歩みつづけてゆけば、
自ずから、大いなる夢が実現してゆくものなのである。
その意味において、
限りなく崇高なる大志を抱きながら、

確実に、着実に、堅実に歩んでゆかれたならば、
今、その時において大道は成就しており、
永遠の今の連続において、
大いなる夢は実現してゆくのである。
あらゆる面において、
すべては善くなってゆくしかないのである。

三十七、光明の心の習慣を培って
悲しみや苦しみや悩みを乗り超えてゆけ

諸君よ、人間の世界というものは、
悲しみや苦しみがつきものである。
しかし、一つ一つの事柄にしても、
受けとめ方次第で、
悦びの源へとなってゆくのである。
そして、光明的な事柄へと、
昇華してゆくことが出来るのである。
悲しみや苦しみに必要以上に執われていると、
同じような悲しみや苦しみに同通して、

それを倍加してゆくこともあるけれども、
悲しみや苦しみの想念を断ち切って、
光明の想念へと昇華してゆけば、
次から次へと光明の事柄が集まって、
倍加してゆくといえるのである。
この光明の真理もまた、
「一切皆苦」の「苦諦《くたい》」の、
透徹したリアリズムに基づく、
人生観、世界観に立脚した、
その執着を解決する、
「道諦《どうたい》」の真理の実践であるといえるのである。
様々な人生の事柄の中で、
それに、どのような執着をもち、

どのような悲しみや苦しみや、
悩みの原因にしてゆくかということは、
人間の自由意志の裁量の下にあるといえるのである。
それ故に、一種の煩悩としてのマイナス想念を、
真正面から見据え、
それを、真正面から光明化してゆくということは、
人生を、真なる悦び一元の、
幸福の大道となしてゆくには、
大切な考え方であるといえるのである。
人間は、考え方次第で、
幸福になることも出来れば、
不幸になってゆくことも出来るのである。
そして、考え方には習慣があり、

心の傾向性が存在するので、
この習慣や心の傾向性を、
光明一元の方向に変えてゆくだけで、
光明一元の考え方をする習慣が出来、
心の傾向性が出来たならば、
人生のあらゆる苦を、真理の力によって滅し、
光明荘厳の一大光明芸術を、
築いてゆくことが出来るのである。
真に光明世界に心を同通させて、
善く生きてゆけば、
あらゆる面において、
すべては善くなってゆくしかないのである。

三十八、過去をありのままに肯定し
その内にある光明を拝み出し練成してゆけ

諸君よ、過ぎ去った過去については、
必要以上に持ち越し苦労されることはないのである。
その中には、
確かに完全でないものもあるであろうが、
「今」現在において、
精一杯光明を掲げてゆけば、
その努力を積み重ねてゆかれるだけで、
あらゆる過去の不完全さは癒され、
昇華されてゆくといえるのである。

その意味において、
「今」現在の視点から、
過去を真に活かしてゆくことが大切である。
そのためには、過去をありのままに、
受け入れるということが肝要である。
その上で、過去の言動の内に、
砂金の如く光輝くものがあるのならば、
それをこそ取り出し、
真に練成してゆくことが大切である。
過去の言動の内には、まだ表面化していない、
その内に内在されている光明も、
実在しているからである。
それ故に、ありのままの過去を、

そのまま受け入れながらも、
その上で、過去の言動の内に内在されている、
本来の光明を拝み出してゆくということを、
なしてゆけばよいのである。
すべてのすべてのものには、
実相（理念）というものが実在しているのである。
それ故に、すべてのすべてのものに内在されている、
実相（理念）を拝み出してゆけば、
例えば、一行の言葉の内にも、
無限光明の素質が隠されていることもあるのである。
それが、たとえそのままであれば光明のものでなくとも、
その内に、本来の光明の可能性が潜在していれば、
それはそれで価値のあるものなのである。

後は、その本来の価値を、
磨き出してゆけばよいのである。
それは、光明の砂金を、
練成してゆくようなものであり、
光明のダイヤモンドを、
磨き出してゆくようなものである。
あらゆる過去をありのままに肯定し、
それに執われずに、
過去の善い所、
実相的価値を拝み出してゆけば、
あらゆる面において、
すべては善くなってゆくしかないのである。

三十九、切なる希望の自己像は必ず実現してゆくものである

諸君よ、徒らに取り越し苦労をすることなかれ。
常に希望に満ち満ちたビジョンを、
持ち続けてゆこうではないか。
未来に対して、
大いなる希望を描いてゆくだけでも、
大いなる幸福の原理であり、
実際に、未来に、幸福を、
実現してゆくことになるのである。
故に、常に「かくあるべし」の自己像を、

肯定しつづけようではないか。
常に「かくあるべし」の自己像に、
近づいてゆこうではないか。
地上世界の姿と天上世界の姿とは、
誰でも、地上世界を生きてゆく限りにおいて、
ギャップがあるものである。
このギャップに苦しむことなく、
このギャップを大いに悦んでゆこうではないか。
そして、本来の「かくあるべし」の自己像を、
実現してゆこうではないか。
それは、「大いなる夢」を、
常に持ちつづけてゆくということであり、
「大いなる夢」を、光明に満ち満ちた想念で、

掲げつづけてゆくということなのである。
確かに、「大いなる夢」の「自己像」が、
自分自身の本来の個性や良心や神性に、
合致しているか否かということを、
常に確認しつづけてゆかなければならないといえるが、
その意味において、
真なる「個性的イデア」「個性的理念」
「個性的実相」を実現しつづけてゆくことが、
大切になってゆくのである。
人間は、真になりたい自己に、
なることが出来るものであり、
その意味において、
真になりたい自己像について、

探究しつづけてゆかなければならないといえるのである。
常に、真に心の奥の奥から、
なりたいといえる自己像を探しつづけ、
「かくあるべし」と明確に描きつづけたならば、
必ずや、その本来の姿こそが、
地上に実現してゆくのである。
心の奥の奥からの切なる希望は、
必ず実現するのである。
諸君よ、大いなる希望を描け。
それこそが、真なる人生の牽引車なのである。
切なる希望のもとに、
あらゆる面において、
すべては善くなってゆくしかないのである。

四十、明確なビジョンから
無限のエネルギーが湧き出してくる

諸君よ、無気力から、
真に脱出してゆくことが大切である。
無限のエネルギーを、
無限者なる天より、
導き出してゆくことが大切である。
無気力というのは、一つの精神態度であり、
消極的精神態度の顕れであるといえるのである。
故に、心を、積極的精神態度に変えてゆけば、
無気力こそが、一つの執着であったことに、

気がつくのである。
無気力であるということは、
積極的精神態度の不在であり、
積極性の光明の不在であるといえるのである。
故に、積極性の光明を取り入れてゆくことによって、
本来なき無気力の状態を、
無くしてゆくことが出来るといえるのである。
さすれば、本来の、
無限のエネルギーが湧き出でてきて、
無限のエネルギーの内に、
積極的なビジョンが顕れてゆくといえるのである。
人間は、本来、明確な「天命」を、
積極的なビジョンとして有しているものなのである。

しかし、積極的な光明に射照されなければ、
積極的なビジョンを見失うこともあるのである。
まさしく、無気力な状態とは、
明確な「天命」を、
見失っている状態であるといえるのである。
しかし、地上的な様々な執着によって、
明確な「天命」を見失ってゆくことも、
人の世の常であり、その度ごとに、
積極的精神態度をもって、
明確なビジョンを取り戻し、
明確なビジョンに対して積極的な思考を、
なしつづけてゆかなくてはならないといえるのである。
積極的な思考をなしつづけてゆく限りにおいて、

明確なビジョンは、より明確なビジョンとなり、
そこから、無限のエネルギーが、
湧き出してくるといえるのである。
常に、積極的なビジョンを、
もっているか否かという原点に回帰して、
無限のエネルギーを湧き出させてゆけば、
あらゆる面において、
すべては善くなってゆくしかないのである。

四十一、無執着の内に天に全託してゆけ

諸君よ、どのようなことがあろうとも、
常に、心を、
無執着の状態に保っていようではないか。
あらゆる物事を、
天の摂理に委ねてゆこうではないか。
真なる無執着の全託の内に、
真なる大道が拓けてゆくのである。
自我我欲に基づいて、
様々なものに執着していれば、
執着そのものが、心の隙となってゆくのである。

様々なことが起こってくるのが人生の常であるが、
そのようなことに執われて、一喜一憂していれば、
そのこと自体が、
失敗や敗北の原因となってゆくのである。
故に、まず、心の平常心、
心の平安心、心の平静心を、
いかに保ってゆくかということに、
心を定めてゆこうではないか。
そして、執着からくる心の隙を、
一つ一つ取り除いてゆこうではないか。
無執着の全託とは、
徹底的に、天の御心を、
信頼してゆくということである。

徹底的に、天の摂理を、
信頼してゆくということである。
徹底的に、神の御心を、
信頼してゆくということである。
このような自分の自我を超えたものを、
徹底的に信頼することによって、
自我を超えた力が導き出され、
自我を超えた成果が現れてゆくのである。
自我に執われていればいる程に、
自我によって、本来の成功や勝利が、
限定を受けるようになり、
より小さな力しか、発揮出来なくなるのである。
故に、どのような時にあっても、

無執着の内に神に全託して、
自分の業は自分の業ではない、
神の業である、という、
心空しい心境をもって、
どのような難局も、
乗り超えてゆこうではないか。
真に自我を超えた天の御心に目覚め、
心空しくその御心を展開してゆけば、
あらゆる面において、
すべては善くなってゆくしかないのである。

四十二、哲学的情熱をもって
根本から成功 勝利 幸福を実現してゆけ

諸君よ、常に情熱をもって、
事にあたってゆこうではないか。
情熱をもって、
確かな業績を遺してゆこうではないか。
言葉であっても、その内に、
無限の情熱を込めてゆくことが出来るのである。
そして、言葉を通して、
その情熱の言霊が、
真に仕事をしてゆくといえるのである。

故に、言霊として、
真に情熱に満ち満ちた言葉を使ってゆこうではないか。
冷静に、理性的に洞察しながらも、
その魂において、
一貫した熱情を維持しつづけようではないか。
ただ単に、冷めた哲学ではなくて、
情熱的な哲学をもって旨としようではないか。
哲学においても、情熱ということは大切であり、
哲学的情熱によって描かれた哲理は、
多くの人々の心に浸透し、
多くの人々の魂を揺り動かし、
多くの人々の使命感を揺り動かし、
哲学に込められたビジョンを、

実現してゆくことになるといえるのである。
その意味において、真なる成功というものも、
真なる勝利というものも、真なる幸福というものも、
哲学的情熱によって、
獲得してゆくものであるといえるのであり、
どのような運命も、哲学的情熱によって、
切り拓いてゆくものであるといえるのである。
ここで言う所の哲学的ということは、
根源的ということであり、
より本質的ということである。
より根本から成功を実現し、
勝利を実現し、幸福を実現してゆくためには、
根本的な哲学が必要といえるのである。

そして、より根源的な哲学的情熱をもって、
事にあたってゆけば、
本来、不可能はないといえるのである。
真なる哲学的情熱は、
あらゆる現象を、「かくあるべし」の形へと、
根本から変革せしめる力を有しているのである。
真なる哲学的情熱のもとに、
あらゆる面において、
すべては善くなってゆくしかないのである。

四十三、ありのままの自然体のその方を愛し慈しんでゆこうではないか

諸君よ、ありのままの自然体をもって、
よしとしようではないか。
ありのままの自己をもって、
よしとしようではないか。
ありのままの他者をもって、
よしとしようではないか。
いついかなる時においても、
いついかなる姿においても、
天は、ありのままのその方を、

慈しんでおられるからである。
それ故に、慈愛に限定をつけるのは、
止めようではないか。
あらゆる限定を外し、
無限定に、無条件に、
その方自身を慈しみ愛してゆこうではないか。
その方自身が、その方自身であるからこそ、
慈しみ愛してゆこうではないか。
その意味において、
大いなる神の御前に、
虚栄は不要である。
無理も不要である。
焦りも不要である。

ありのままの自分自身と他者を、
神は慈しんでおられるのであるから、
ありのままの自己と他者を、
慈しんでゆこうではないか。
自然体の自己と他者を、
慈しんでゆこうではないか。
人間は、むしろ、
ありのままの自然体においてこそ、
真なる神性を輝かせ、真なる仏性を輝かせ、
真なる理性を輝かせ、
真なる個性を輝かせてゆくものである。
それ故に、自分を縛るものから真に自由になり、
他者を縛ることからも真に自由になり、

多くの方々に、
自由な自然体を与えてさしあげることをもって、
貴しとしようではないか。
素直さの美徳というのは、
ありのままの素晴らしさを、
肯定してゆく所に実在しているといえるのである。
ありのままのその方を、
愛し慈しんでゆく所に実在しているのである。
その意味において、
本来の絶対なる神の御姿の下に、
そのままの素直な心で人々を愛し慈しみ、
そのままの素直な姿として、
尊重してゆこうではないか。

真なる自然体の下に、
あらゆる面で、
すべては善くなってゆくしかないのである。

四十四、ロゴス（理念）の悦びこそが人生の最高の悦びである

諸君よ、人生においては、
様々な喜びがあり、
様々な幸福があるであろうが、
その中においても、最高の悦びは、
ロゴス（理念）の悦びであるのである。
この真理は、永遠普遍に変わらないものである。
しかし、多くの方々は、
ロゴス（理念）の悦びを真に知ることなく、
日々を過ごされているといえるのである。

非常に底の浅い喜びというのは、
感性的なものであって、
それらは、感性的世界が無常であるが故に、
はかない夢幻のように、
一時的なものとして消えてしまうのである。
しかも、感性的な喜びというものは、
地上的な執着と紙一重であるが故に、
執われれば執われる程に、
苦しみの原因となってゆくものなのである。
故に、地上的な感覚器官に基づいた快楽というものは、
本来、もっと冷静に省察した上で、
その本来の虚しさを悟り、
より永遠普遍なる悦びをこそ、

探究してゆかなければならないといえるのである。
ロゴス（理念）が永遠普遍であるが如く、
ロゴス（理念）に伴う悦びもまた、
永遠普遍に近いものである。
故に、ロゴス（理念）を、
真に観照してゆく生活というものは、
人間として最高の生活であり、
天上の悦びの生活であるといえるのである。
故に、輪読会によって、
ロゴス（理念）を、親友同志で朗誦し合うことは、
最高の悦びに、
満ちることであるといえるのである。
真に、外なるロゴス（理念）を、

朗誦してゆくことによって、
内なるロゴス（理念）が顕現し、
真にロゴス（理念）を体現した生を、
全うしてゆくことが出来るのである。
真なるロゴス（理念）を体現し、
ロゴス（理念）の悦びを体現してゆけば、
あらゆる面において、
すべては善くなってゆくしかないのである。

四十五、自らに割り与えられた天分と環境を掘り下げてゆけ

諸君よ、自らに割りあてられた天分を、
最大限に尊んでゆこうではないか。
自らに割りあてられた天の配材を、
最大限に尊んでゆこうではないか。
どのような人生にも、
決して偶然というものはないのである。
すべては、天の摂理によって、
自分自身にとって必要な環境と天分が、
与えられているといえるのである。

故に、与えられた立場に、
最大限の感謝をして、
一日一日の己が魂を込めた仕事を、
なしつづけてゆこうではないか。
足下から、多くの人々に、
光明を掲げつづけてゆこうではないか。
自己の天分と環境を最大限に活かして、
それを、人々への愛として、
昇華してゆこうではないか。
どのような天分であっても、
それを磨きつづけてゆけば、
そのままの天分の延長上に、
最高の幸福が実在しているといえるのであり、

どのような環境であっても、
それを活かしつづけてゆけば、
そのままの環境上に、
最高の幸福が実在しているといえるのである。
故に、自らに与えられた唯一無二の天分を通して、
最高度の自己実現をなしてゆこうではないか。
自らの天分と違った天分を求めてゆくのではなくて、
既に与えられている天分を見極めて、
その天分をこそ、
最大限に活かしてゆこうではないか。
また、自らに与えられた唯一無二の環境に対して、
それをそのまま受け入れ、
愛し慈しみながら、

その環境を最大限に活かした自己実現を、
なしてゆこうではないか。
自らに与えられた環境と、
違った環境を求めてゆくのではなくて、
既に与えられている環境に、足ることを知って、
そのプラスの面を最大限に活かして、
自己実現してゆこうではないか。
真に自らに割り与えられた天分を、最高度に、
その立場立場において光輝かしてゆくことこそ、
真なる勝利であり、真なる成功であり、
真なる幸福なのである。
あらゆる面において、
すべては善くなってゆくしかないのである。

四十六、真に主体的な知的創造力を磨いてゆけ

諸君よ、孤独な時間というものは大切である。
独りの時間をつくって、
考える習慣をつけてゆくということは大切である。
人間は、知識を学んでも、
それに対する主体的な思索がなければ、
その知識は、真に自分のものにならないからである。
その意味において、
真なる哲学を学ぶだけではなくて、
真なる哲学を生み出す創造力こそが、
真に培われなくてはならないといえるのである。

知的創造力というものは、
一定の実力があって、
自らの主体的な自助努力によって、
獲得してゆくものである。
故に、数年、数十年単位で、
自ら主体的に思索してゆく習慣を積み重ねてゆくと、
自然に哲学者の実力がついてくるといえるのである。
ただ受け身の形で知識を学んでゆくだけでは、
どんなに読書の量を積んだとしても、
学者にはなれても、
哲学者になることは出来ないのである。
それ故に、哲学書を読んでも、
受け身の形で知識として学んでいるだけでは、

哲学研究家にはなれても、
真なる哲学者にはなれないといえるのである。
哲学書を一つの契機として、自ら思索し、
探究し、前提となっていることを、
主体的に問い直してゆけば、
そこから、真なる哲学者が、
生まれてゆくといえるのである。
また、哲学書によるのではなく、
日常的な事柄に対しても、
その本質について、常に哲学的に、
深く探究してゆく習慣をつけてゆけば、
そこからも、真なる哲学者が、
生まれてゆく契機があるといえるのである。

哲学者というものは、
主体的な知性であり、
創造的な知性であり、
人間にとって、
最高の文化的長所といえるものである。
故に、真なる哲学者になることを目指して、
自助努力してゆけば、
そこから、文化文明が生まれ、
あらゆる面において、
すべては善くなってゆくしかないのである。

四十七、常に神の御言葉と共に歩んでゆくことこそ最高の悦びである

諸君よ、いついかなる時であっても、
神の御言葉と共に歩みつづけてゆくということは、
最高の美徳である。
何故なら、生命の根源において、
人間を生かしめる力は、
神より来たるからである。
故に、真に神へと心の針を向け、
根源的な光を汲み出してくる契機となるような、
神の御言葉と共に歩んでゆくことは、

肝要なことであるといえるのである。
例えば、病の時であっても、
病の時だからこそ、
神の御言葉と共に歩んでゆくことが大切である。
何故なら、神の御言葉こそが、
真なる心の支えとなり、
根源なる神の癒す力へと導いてゆくからである。
神の無限の力は、
汲んでも汲んでも、限界はないのである。
そして、一行の御言葉であっても、魂を光輝かせ、
身体をも光輝かせる力を有しているのである。
例えば、挫折の時であっても、
挫折の時であるからこそ、

神の御言葉と共に歩んでゆくことが大切である。
何故なら、根源なる成功や繁栄こそが、
神の本質であるから、
神の御言葉によって、
根源なる神の属性とつながって生きてゆけば、
本来の成功や繁栄を、
体現することが出来るからである。
挫折の時にこそ、何よりもの励みになり、
心の支えとなり、
逆境転じて、一大光明芸術となすものは、
神の御言葉であるといえるのである。
故に、いついかなる時であっても、
神の御言葉と共に歩んでゆこうではないか。

神の御言葉と共に歩んでゆく過程そのものが、
一大光明芸術であり、
神の御言葉故に、
天の栄光を輝かせているといえるのである。
あらゆる面において、
すべては善くなってゆくしかないのである。

四十八、神と一体となった使徒会員として生き抜いてゆくことこそ至上の価値である

諸君よ、何ものにも変えがたい価値こそは、
信仰心から生まれるものである。
信仰心こそが、
その方を真に救うものであって、
信ずることによって、
人間は、苦界の世を、
真に生き抜いてゆけるのである。
その意味において、神を信ずるということを、
はっきりと確立しようではないか。

神こそが究極の価値であることを、
はっきりと確立しようではないか。
真に聖なるものというものは、
すべて神より生まれてくるものであり、
神に関係するものが、
聖なるものとされてゆくのである。
故に、常に信仰心をもって、
神と一体となって歩んでゆこうではないか。
真に神の天命を拝する、
使命感をもった神の直弟子こそを、
使徒会員と呼ぶのであり、
神への信仰心が確立している方を、
真なる使徒会員と呼ぶのである。

神のために生きるということは、
本来、最も尊いことなのであり、
神のために純粋に奉仕させていただくということは、
最も崇高なことなのであり、
神のために御布施させていただくということは、
最も尊いことであるといえるのである。
また、神から選ばれた預言者に、
直弟子として仕えるということは、
至上の価値のあることであり、
使徒の天命であるといえるのである。
神と預言者と使徒が一体となって、
大いなる救世の事業を、
完徹してゆくことが出来るのである。

真なる使徒会員になることが出来るということは、
この地上で最も価値のある、
神聖なことなのである。
真に神の光を体現して生きよ。
どのような環境の中においても、
順境な時も、逆境の時も、
一条の信仰心をもって生き抜いてゆけ。
さすれば、あらゆる面において、
すべては善くなってゆくしかないのである。

四十九、聖なる熱情の連鎖の前に不可能などないのである

諸君よ、熱情というものは、
すべてを真に切り拓いてゆく土台である。
何事も、真なる熱情なしには成就しないのである。
熱い言葉、熱い思い、熱い行動なしには、
どのような目標も、
真に達成することは難しいのである。
様々な言動を通して、
熱情そのものが仕事をしてゆくのであって、
熱情がなければ、何事をなしていっても、

その根本にあるエネルギーが、
真に伝わらないといえるのである。
そして、熱情を真に喚起する鍵は、
大いなる夢のもとに、
どれだけ無私になることが、
出来るかということにかかっているのである。
真に神のために、
人々のためになることをなしてゆくという、
純粋な動機にこそ、かかっているのである。
そして、無私なる熱情は、
さらなる熱情を呼び、
熱情の連鎖をつくってゆくといえるのである。
その点において、

その熱情に、自我我欲が少なければ少ない程に、
透明であればある程に、
周囲に、永い確実な感化力を、
有してゆくといえるのである。
そもそも、根源なる神が、
熱情に満ち満ちておられるのであるから、
真なる信仰心をもって、
私を虚しくすればする程に、天来の熱情が、
地上に満ち満ちるようになるといえるのである。
それ故に、限りなく大調和の精神を大切にしながら、
聖なる熱情を、地上においても、
具体的な言葉や、具体的な思いや、
具体的な行動に顕わしてゆけば、

そこに、奇蹟の力が湧きおこってゆくのである。
聖なる熱情の前に、本来、不可能はないのである。
聖なる熱情の連鎖の前には、不可能はないのである。
しっかりと理性的に達観しながら、
聖なる熱情を常に原点にして、
熱情の連鎖をつくってゆけば、
あらゆる面において、
すべては善くなってゆくしかないのである。

五十、真に勝利と成功の大道に入り
繁栄大革命 大調和革命を成就してゆけ

諸君よ、勝利の大道、成功の大道を、
真に歩んでゆくためには、秘訣があるのである。
それは、徹底的に長所伸展法をしてゆくことである。
それは、徹底的にである。
故に、光一元の光明思想が好きな方々は、
徹底的に光明を剛くしてゆくことによって、
あらゆる暗黒や欠点を無くしてゆけばよいのである。
この光明を剛くするということの中には、
叡智の光明を剛くしてゆくということも入り、

愛の光明を剛くしてゆくということも入るのである。
そして、すべてのすべてを、
圧倒的善念をもって、
肯定的に、積極的に、明るく、
希望をもって観じてゆくということである。
徹底的に光明の叡智と愛を伸ばしてゆけば、
あらゆることの中に善きことが観じられ、
あらゆるものが、真に善転してゆくといえるのである。
その上で、常に与えつづける精神を、
持ちつづけてゆくことである。
与えさせていただく中にも、
与えさせていただきつづけ、
御奉仕させていただく中にも、

御奉仕させていただきつづけ、
御布施させていただく中にも、
御布施させていただきつづけてゆくということである。
これこそが圧倒的善念であり、
圧倒的善念の前に、
一切の敗北や失敗は、姿を消してゆくのである。
一時的に敗けたとしても、
圧倒的善念を持ちつづけている方には、
天は、必ず報いてゆかれるのであり、
地上の法則としても、
圧倒的善念を持ちつづけて、
不退転の光明信念をもって、
愛を供給しつづけてゆく方が、

勝利しないはずがないのである。
成功しないはずがないのである。
必ず、常勝の大道、
成功の大道が拓かれてゆくのである。
天の法則と一体となることによって、
真に中道に入り、
大宇宙の法則に則ったことをなしつづけてゆけば、
必ず、天地人に報われ、
繁栄大革命、大調和革命を成就してゆくのである。
真なる圧倒的善念のもとに、
あらゆる面において、
すべては善くなってゆくしかないのである。

追補、十七条の徳目を理念として繁栄大革命を成就せよ

諸君よ、十七条の徳目を大切にせよ。「徳」を以って、すべてのものを理念経営してゆけ。自分自身を修め、家庭を修め、学校を修め、会社を修め、国家を修め、全世界を修めてゆけ。「徳」こそが理念であり、真理であり、光明であり、掲げられるべき「光」であり、不動の立脚点なのである。

第一に、「和」を以って貴しとせよ。「大和《だいわ》の理念」をよくよく尊重せよ。大調和を常に旨とせよ。お互いの神性、仏性、良心、理性においての、真に和解せよ。真に感謝せよ。そして、お互いの個性的実相を拝み出し、礼拝してゆけ。

第二に、「礼節」を大切にせよ。「あるべきようは」の精神をもって、折目正しく言動せよ。そして、知徳の模範、気品の泉源たれ。

第三に、「清らかさ」を大切にせよ。心身共に清らかさを保ち、日々、反省を積み重ねよ。内省的精神態度を確立せよ。その上で、清濁併せ呑み、真の清らかさを醸成してゆけ。

第四に、「明るさ」を大切にせよ。常に笑顔と朗らかさを保ち、物事を肯定的に観てゆけ。積極的に観てゆけ。建設的に観てゆけ。明るく観てゆけ。そして、長所と個性を讃嘆せよ。そして、人々を陰日向なく褒めよ。どのような現象の変転の中でも、常に光明信念を貫いてゆけ。

第五に、「美しさ」を大切にせよ。心身共に美しさに心がけ、大自然の中に遊べ。大自然や大宇宙や人間社会の中に真なる美しさを発見し、美しさを表現し、創造してゆけ。

第六に、「剛さ」を大切にせよ。心身共に剛く鍛えてゆけ。そして、無限の勇気とエネルギーとファイティングスピリット、フロンティアスピリット、ベンチャースピリットを把持してゆけ。

第七に、「やさしさ」を大切にせよ。思いやりの心をもって奉仕してゆけ。敬天愛人の精神をもって、人々のために、神々のために、天の摂理のために尽くしてゆけ。

第八に、「叡智」を大切にせよ。よく学び、よく思索し、よく禅定し、経験知を活かし、衆知を尊重してゆけ。そして、真理を探究してゆけ。真理を実践してゆけ。知的悟りを通して、知恵の結晶を育め。叡智の結晶を育んでゆけ。

第九に、「素直さ」を大切にせよ。常に心に謙虚さと感謝と礼節を保て。自我を空しくし、無我の中に真なる自己を発見せよ。生かされている自己を発見せよ。そして、一なる生命と結ばれてあれ。

第十に、「繁栄」を大切にせよ。物心共なる繁栄を探究し、実現してゆけ。真なる繁栄を通して、真なる平和と幸福を創造してゆけ。すべてのものの中に、繁栄大革命を実現してゆけ。そして、大調和、大団円の世界を顕わしてゆけ。

第十一に、「健康」を大切にせよ。中庸、中道を心がけ、適切な休養と食事と運動をせよ。規則正しい生活を送り、医学を尊べ。そして、健康になるための心の法則を探究し、実践してゆけ。そして、ますます健康を増進し、天寿を保ち、永遠の若さの輝きを保ち、エネルギッシュに、仕事に、学業に、家業に、精進してゆけ。

第十二に、「勤勉」を大切にせよ。よく学び、よく遊べ。よく働き、よく休養せよ。そして、地道に努力を積み重ねてゆけ。日々、精進を積み重ねてゆけ。そして、大成せよ。大業を成就せよ。

第十三に、「悦び」を大切にせよ。喜怒哀楽を超越した悦び一元の境地を保て。そして、大いなる悦びの境地をもって、喜びも、怒りも、哀しさも、楽しさも活かしてゆけ。その上で、人生を大いに楽しめ。人生を大いに悦べ。人生を大いに謳歌せよ。すべてを好きになり、すべての中に幸福を顕わしてゆけ。

第十四に、「センス」を大切にせよ。不易流行を旨として、「不易」（変わらない真理、理念）を「今」の時流の中に実現してゆけ。近未来の潮流の中に実現してゆけ。そして、常に新境地を開拓せよ。そして、真善美聖に基づく本当の「センス」を磨いてゆけ。「センス」を磨いてゆくことによって、「悟境」を磨き、真なる芸術性と先端技術に挑戦してゆけ。

第十五に、「個性」を大切にせよ。個性を以って貴しとなし、個性的自己実現を尊べ。自由闊達に個性を伸ばし育むような土壌を大切にせよ。自由な言動を尊重した上で、品格のある社会性を保ち、尊重せよ。

第十六に、「自主性」を大切にせよ。自主独立の精神をもって、常に自主的に発案し、自主的に活動してゆけ。経営理念に忠実でありながら、それを翻訳し、応用してゆくにあたっては、限りなく柔軟であれ。自己信頼、独立自尊の精神のもとに、主体的な創造精神を発揮せよ。主体的な自由の中に、真なる人格の尊厳と社会の尊厳を全うしてゆけ。

第十七に、「国際性」を大切にせよ。心を常に全世界に開いてゆけ。常に開放系の精神を尊重せよ。自分自身の国や、地域社会や、会社や、家庭に誇りを持ち、オリジナルな中心精神に対して主座を保ちながら、すべてのものと真に和解し、お互いに感謝し合い、お互いに活かし合い、お互いに伸ばし育み合え。大調和を以って貴しとなし、大宇宙、大自然の摂理に則って、無限に繁栄してゆけ。

大いなる「徳」を根本理念として、すべてのものを修め、経営し、あらゆるものに「光」を掲げてゆけ。大いなる十七条の徳をもって、すべてのものを回天させてゆけ。そして、大調和の内に、繁栄大革命を成就してゆけ。あらゆる面において、すべては善くなってゆくしかないのである。

おわりに

本書の特徴の一つは、「自然体」の探究であろうと思います。「自然体」で居るということは、「大宇宙 大自然の理法」に則って生きているということですが、これは、「悟り」の根幹になるものでもあります。

仏教的には、「中道」といわれるものであり、その実践のために、本書の中には、「八正道」の「反省」も説かれています。「光明思想」も、「反省」も、「哲学的知性」も、「与えつづける愛」も、「中道」の「自然体」を探究しているという点において、本来、同一の「真理」であり、それ故に、どれも大切であり、どの角度から探究しても、同じ一本の「道」にゆきつくことが、本啓示集の中で実証されていることと思います。

また、物理学的な「次元構造論」も、心のあり方と霊界のあり方に則って、哲学的、科学的に洞察されていますが、この考え方も、近年良識化してきたものであり、「唯神実相哲学」とも両立するのであるということが述べてあります。

さらに、本書の中で特徴的なことは、「神」が、生々しい「現実」の「苦界」の中で生きている私達をあたかも背負ってゆかれるように、一貫した愛と、慈悲と、光明信念と、積極性をもって語られていることであります。その一篇一篇の真理の中に、生き生きとした熱い温かい血のこもった、真の光明の「ロゴス」を感じます。

この一貫した愛と慈悲に満ちられた方が、「神」御自身であることを、畏敬の念をもって感動し、常に神の御心を御心として、共に「現実」の「苦界」の中で真に勝利し、成功し、繁栄してゆきましょう。あらゆる面において、すべては善くなってゆくしかないのであります。

二〇〇二年六月二十八日

JDRクラブについて

JDRクラブの趣旨、及び活動について、お話させていただきます。「JDR」とは、「Japanese Dream Realization」、すなわち、「大いなる日本の夢を実現せん」の略であります。かつて、アメリカに「アメリカン・ドリーム」が実現したように、この日本に、新しい「ジャパニーズ・ドリーム」を、さらに精神的に、さらなる質と規模で実現させてゆくことをもって、新生日本の建設をしてゆくことが、JDRの究極の目的であります。

そのために、一人一人の心の奥底に眠れる「大いなる夢」を目覚めさせ、かけがえのない個性的なる華を、大輪として咲かせてゆくお手伝いをさせていただきたいと念願して、この「JDRクラブ」は創設されました。

原則として「会員制」をとっており、月に一回、「JDRメッセージ」、「JDR義塾講義録」等をお贈りし、各地で「JDRの饗宴」という集いをしております。主な内容は、JDRメッセージやJDRの書籍等を輪読し、一人一人に感銘をうけられた箇所の感想を述べていただき、それについて講師の方の感想が与えられたり、皆のディスカッションがあったりして、進行してゆくものです。

内容が、すべて「神」の言魂でつづられた聖典であり、限りなく格調高く、美しい言魂が述べられていますので、輪読してゆく内に、そこに参画している方の心も、自然に清められ、崇高なる境地へと導かれます。

思想的にも、その内容が限りなく奥深く、高く、広いものですので、一人一人の心境に応じた、プリズムのような様々な輝きを放ちます。そうして、一人一人の感想をお聞きするのも、様々な学びの切り口が発見できて、智慧が深く、高く、広くなってゆきます。

さらには、各人の「大いなる夢」について、また、研究テーマについても発表していただき、新時代の各分野の理念について、大いに啓発されます。

あなたも、どうかＪＤＲクラブの会員となられ、「ＪＤＲの饗宴」に御参加下さい。新しい縁をたどって出会うまだ見ぬ同志の方々を、心の底より期待し、お待ちしております。

JDRクラブの会員制度について

一、JDR使徒会員

＊天川貴之先生の直弟子。

＊JDRクラブを運営する核となって下さる方。

＊感想文、決意文と履歴書を送って下さい。

＊「JDR運動推進基金」として、入会金一万円、会費月三千円を収めて下さる方。

＊毎月、天上の神々からの直接のメッセージをお送り致します。

＊JDRの会員制のホームページ内におきまして、JDR義塾の講義録や、その他のすべてのメッセージ、啓示集を閲覧することが出来ます。

二、ＪＤＲ普通会員
＊ＪＤＲクラブに参加される方。
＊「ＪＤＲ運動推進基金」として、入会金六千円、会費月二千円を収めて下さる方。
＊毎月、月刊メッセージをお送り致します。

三、ＪＤＲ賛助維持会員（一、二の会員の内から有志の方）
＊「ＪＤＲ運動推進基金」に、月一万円以上を収めて下さる方。

四、ＪＤＲ大黒天（一、二の会員の内から有志の方）
＊「ＪＤＲ運動推進基金」に随時収めて下さる方。

五、ＪＤＲ世話役（ＪＤＲ使徒会員の内から有志の方）
＊ＪＤＲクラブの集い（ＪＤＲの饗宴）を開催する場所を
提供して下さる方。

六、聖地加古川ボランティアスタッフ
（ＪＤＲ使徒会員の内から有志の方）
＊加古川周辺の方か、加古川に転居してこられる方で、聖地
加古川のＪＤＲクラブにて、ボランティアをして下さる方。
＊聖地加古川のＪＤＲクラブでは、ＪＤＲ義塾を開催し、
直接の講義を聴講できます。

七、一～四のお振込み等は、左記の口座までお願い致します。
・三井住友銀行 加古川支店

普通口座　口座番号　四七四六八三一　　口座名義　ＪＤＲクラブ

・郵便振替口座

口座番号　一四三一〇―五五八四八三三一　口座名義　ＪＤＲクラブ

八、手紙等の宛先

〒六七五-〇〇五七
兵庫県加古川市東神吉町神吉一〇八一-一
ＪＤＲクラブ　ＪＤＲ義塾
ＴＥＬ　〇七九四-三四-五〇五〇
ＦＡＸ　〇七九四-三四-五〇五五
E-mail diamond@jdr.co.jp

九、ＪＤＲ公開ホームページ

http://www.jdr.co.jp/diamond/

＊様々な歴代の御啓示、並びに、最新の御啓示が多種多様にございますので、是非とも御覧下さい。

著者略歴

天川貴之（あまかわ・たかゆき）

昭和42年6月28日 生まれ
兵庫県加古川市出身
哲学者　思想家　芸術家（歌人等）預言者

平成 3年　慶應義塾大学 法学部 法律学科卒業
平成 6年　「精神的ジャパニーズドリーム」を著す
平成 8年　ＪＤＲクラブ　並びに ＪＤＲ義塾設立
　　　　　主宰
平成10年　ＪＤＲ義塾大学（ＧＤＲ大学）設立
平成14年　総合大学法人となる

著書は
「天御中主神示集」
「精神的ジャパニーズドリーム」
「夢を実現する条件」
「天照大神の御言葉」
「愛の降臨」
「光ある時に光の内を歩め」
「神こそが日本を真に救う」
「繁栄の奇蹟をあなたに」
「ユニバーサル・ドリーム・レボリューション」
「繁栄大革命」
「天意はここに実在する」　以上（たま出版）

「精神的ジャパニーズドリーム」
「夢を実現する条件」
「義塾百話」
「叡智の結晶」　以上（文芸社）　等 多数ある

天意はここに実在する

2002年10月15日　初版第１刷発行

著　者　天川 貴之
発行者　韮澤 潤一郎
発行所　株式会社 たま出版
〒160-0004　東京都新宿区四谷4-28-20
電話　03-5369-3051（代表）
http://tamabook.com
振　替　00130-5-94804

印刷所　東洋経済印刷株式会社

乱丁・落丁本お取り替えします。

ISBN4-8127-0070-1 C0014